Mediação:
uma experiência brasileira

Adolfo Braga Neto

Enriquecido por texto introdutório de Guilherme Assis de Almeida; artigos de Camila Silva Nicácio, Joseph P. Folger e Lília Maia de Morais Sales; e entrevistas com Flávio Crocce Caetano e o grupo de supervisores do IMAB – Instituto de Mediação e Arbitragem do Brasil

2ª edição revista e ampl

São Paulo | 2019

Editor científico: Guilherme Assis de Almeida
Editor: Fabio Humberg
Assistente de pesquisa: Laura Ricca Humberg
Revisão: Humberto Grenes
Capa: Osires
Tradução do artigo de Joseph. P. Folger: Julia Barros

Dados Internacionais de Catalogação na Publicação (CIP)
(Câmara Brasileira do Livro, SP, Brasil)

Braga Neto, Adolfo
   Mediação : uma experiência brasileira / Adolfo Braga Neto. -- 2. ed. rev. e ampl. -- São Paulo : Editora CLA Cultural, 2019.

   Vários colaboradores.
   Bibliografia.
   ISBN 978-85-85454-97-5

   1. Administração de conflitos 2. Conflitos - Resolução (Direito) 3. Mediação I. Título.

19-23530					CDD-303.69

Índices para catálogo sistemático:
1. Conflitos : Mediação : Sociologia 303.69
2. Mediação de conflitos : Sociologia 303.69

Cibele Maria Dias - Bibliotecária - CRB-8/9427

Editora CL-A Cultural Ltda.
Tel: (11) 3766-9015
e-mail: editoracla@editoracla.com.br / www.editoracla.com.br

Disponível também em ebook

ÍNDICE

Cronologia básica 5

Introdução: Por uma Justiça Doce, por Guilherme Assis de Almeida 7

Capítulo 1: Os primeiros tempos – 1993-2000 11
    Discussões e medidas legais 19
    O CONIMA 20

Artigo: De "alternativa" a método primeiro de resolução de conflitos: horizontes da mediação para além de sua institucionalização, por Camila Silva Nicácio 23

Capítulo 2: O fortalecimento da mediação como opção para resolução e transformação de conflitos – 2001-2007 29
    Reforma do Judiciário e legislação 34
    A criação do FONAME 37

Entrevista: Grupo de supervisores do IMAB 39

Capítulo 3: Da experiência no Judiciário à Lei nº 13.140/15 – 2008-2015 47
    A Lei de Mediação 50
    Colaboração com instituições de arbitragem e mediação empresariais 51
    O IMAB e o setor de educação 52
    O IMAB e a OAB 53
    O IMAB e a mediação transformativa 53

Entrevista: Flávio Crocce Caetano 55

Capítulo 4: As experiências internacionais em parceria 61
    A experiência na Alemanha 64

A experiência em Angola 65
A experiência em Cabo Verde 67

Artigo: A evolução e avaliação da mediação no Brasil: questões chave para analisar o projeto e a implementação da prática, por Joseph P. Folger 71

Capítulo 5: A visão do autor sobre a mediação 89

O processo interventivo do mediador e o processo interativo da mediação de conflitos 98

O mediador 102

Capacitação teórico-prática mínima em mediação de conflitos 106

Algumas áreas de utilização da mediação de conflitos 110

Artigo: A mediação de conflitos: relato de experiências sobre a mediação comunitária, por Lília Maia de Morais Sales 113

Sugestões de leitura adicionais 125

CRONOLOGIA BÁSICA

1993
Primeiros estudos e pesquisas do autor relacionados à mediação.

1994
Criação do IM – Instituto de Mediação, transformado em IMAB – Instituto de Mediação e Arbitragem do Brasil em 1997.

1996
Aprovação da Lei de Arbitragem, cujo projeto de lei iniciou sua tramitação em 1991.

Início das atividades de mediação junto ao Departamento Jurídico do Centro Acadêmico XI de Agôsto da Faculdade de Direito da USP.

1997
Criação do CONIMA (Conselho Nacional das Instituições de Mediação e Arbitragem).

1998
Realização de Congresso de Mediação e Arbitragem em Curitiba (PR), no qual ficou definido o conteúdo mínimo para capacitação em mediação e arbitragem.

Início da tramitação do primeiro texto de lei de mediação, de autoria da deputada Zulaiê Cobra Ribeiro.

2000
O autor passa a integrar, na qualidade de diretor-secretário, o Conselho de Administração do IMAB.

Início das atividades de mediação do Escritório Modelo Dom Paulo Evaristo Arns da Faculdade de Direito da PUC/SP.

2001
Início da colaboração do autor com as atividades de capacitação em mediação nos países de língua portuguesa, em especial Portugal.

2002

Projeto de lei da deputada Zulaiê Cobra Ribeiro sobre mediação aprovado na Câmara Federal, seguindo para o Senado.

Início do movimento de inserção da mediação como atividade sem remuneração junto ao Poder Judiciário.

2004

Projeto de implementação da conciliação/mediação no Fórum João Mendes em São Paulo, iniciativa inédita no país na primeira instância judicial.

2006

Projeto de lei da deputada Zulaiê Cobra Ribeiro, sob a relatoria do senador Pedro Simon, recebe 40 emendas e é aprovado no Senado. Retorna à Câmara por ter sido modificado.

2007

Criação do FONAME – Fórum Nacional de Mediação.

2010

Publicação da Resolução CNJ nº 125, com o objetivo de implementar a política pública dos meios adequados de resolução de conflitos no Judiciário, com a previsão de parâmetros mínimos de capacitação e prática para todos os conciliadores/mediadores judiciais no Brasil.

2015

Aprovação da Lei da Mediação e do novo Código de Processo Civil pelo Congresso Nacional (respectivamente, Leis nºs 13.129 e 13.140/2015).

INTRODUÇÃO

Por uma Justiça Doce

Guilherme Assis de Almeida[1]

> "O reconhecimento precede o conhecimento"
> (Axel Honneth)

O livro que você tem em mãos, estimada leitora e prezado leitor, é o testemunho de um profissional e sua equipe que exercem seu ofício com amor, dedicação e cuidado. Realizando seu trabalho fazem história, pois nos mostram que a autocomposição de conflitos, por iniciativa da sociedade civil, é uma atividade possível de ser exercida no Brasil e outros países da comunidade internacional. Termino aqui esse "parágrafo de reconhecimento" a Adolfo Braga Neto e à equipe do IMAB – Instituto de Mediação e Arbitragem do Brasil e dou início a minhas reflexões.

Afirma Paul Ricoeur (1991; p. 133)[2] que a existência humana se passa entre dois extremos: o da violência e o da linguagem. Nesse sentido, é possível pensar no exercício da violência por meio da linguagem tanto quanto na possibilidade de uma linguagem não violenta. No âmbito dos relacionamentos interpessoais – em diversos

---

1. Professor Doutor no Departamento de Filosofia e Teoria Geral do Direito (FADUSP).
2. RICOEUR, Paul. *Violence et language*. In: *Lectures 1* Autour du politique Paris: Éditions du Seuil, 1991. P. 131-140.

momentos – deparamo-nos com essas duas formas de comunicação.

Uma fala prenhe de violência indica a ambição de uma determinada linguagem para conquistar o "império da palavra", já o estabelecimento de um ambiente dialógico cria condições favoráveis para o florescer de diversas linguagens. A manutenção de um espaço público no qual discursos plurais possam vir à tona é fundamental para a promoção de uma convivência acolhedora das mais diversas maneiras de expressão da personalidade.

A construção de espaços públicos dialógicos capazes de promover uma cultura de paz, convivência e não violência é uma imperiosidade no Brasil. Um país que – de acordo com diversas pesquisas – apresenta o alarmante número de 500 homicídios por dia, sendo a maioria deles resultado de conflitos intersubjetivos.

Como efetiva e perene contribuição para construção de "espaços dialógicos", desde 1995 Adolfo Braga Neto e a equipe do IMAB percorreram 25 estados da Federação (com exceção de Maranhão e Piauí), além de outros países – com destaque para a Comunidade de Países de Língua Portuguesa –, formando mediadores e apresentando as práticas de mediação como forma qualificada de autocomposição de conflitos.

O trabalho incansável de Adolfo, da equipe do IMAB e de outras instituições parceiras, que acreditam na mediação, é um testemunho histórico da imprescindibilidade da participação da sociedade civil na emergência da mediação extrajudicial no âmbito da gestão de conflitos da sociedade brasileira. Entre diversos outros profissionais e organizações que exercem seu ofício de forma discreta e sem alarde, uma que merece ser lembrada é Celia Zaparolli, com seu projeto Íntegra (desde 1997) e outras atividades no âmbito da mediação. Junto com o autor, ela foi uma das que ajudaram a criar o FONAME – Fórum Nacional de Mediação.

Desde 1996, o IMAB tem um convênio com o Departamento Jurídico XI de Agôsto da Faculdade de Direito da USP, que atende única e exclusivamente um público de menor renda (no máximo 3 salários mínimos). Convênio semelhante foi assinado com o Escritório Modelo Dom Paulo Evaristo Arns da Faculdade de Direito da PUC-SP no ano 2000.

O fato de a experiência de mediação nesses locais já ter completado 20 anos de existência é um indicador da receptividade à prática pelo público de menor renda. Importante lembrar que temos aqui uma iniciativa duradoura de acesso à justiça e que merece uma atenção e um apoio maior da Academia.

Outro aspecto diz respeito à dupla função desse trabalho. As sessões de mediação realizadas pela equipe do IMAB podem ser assistidas por estudantes dos cursos do instituto para a etapa de estágio prático, com a exigência mínima de 80 horas de atividades. De modo que tais sessões servem a um duplo propósito, vale dizer: exercício da mediação e experiência para formação de novos mediadores. Ressalte-se que, entre os atuais supervisores do IMAB, dois passaram por essa etapa de formação.

Dessa forma, o IMAB garante a prestação do serviço de mediação ao Departamento Jurídico XI de Agôsto – de forma inteiramente gratuita –, proporcionando um espaço de prática e aperfeiçoamento constante de seus mediadores, além de viabilizar experiências de estágio supervisionado.

Deve ser lembrado que os supervisores do IMAB integram também a equipe de professores dos seus cursos de mediação. De modo que o instituto realiza mediações remuneradas ou não remuneradas e forma mediadores. O que indica um caminho a ser trilhado por outras instituições dedicadas à mediação extrajudicial no Brasil (de acordo com os artigos 21 a 23 da Lei nº 13.140/2015).

A variedade de formação e experiência de trabalho dos atuais mediadores do IMAB mostra que tanto é possível a existência da profissão de mediador como também o exercício da prática da mediação pelos mais diversos profissionais, de forma remunerada ou não (em consonância com o artigo 9º da Lei nº 13.140/2015). Dessa forma, a mediação desponta como uma ocupação possível de ser exercida após uma capacitação teórico-prática adequada, com supervisão constante e que torne possível o despertar de "habilidades mediativas".

A ministra Nancy Andrighi, do STJ, referiu-se à mediação como a Justiça Doce (informação transmitida pelos mediadores do IMAB). A justiça doce é capaz de transformar a forma como encaramos o conflito e essa transformação é capaz de vislumbrar uma solução até então desconhecida. Doçura que deveria constar como o oitavo princípio orientador da mediação, de acordo com a Lei nº 13.140/2015, e que é uma característica marcante da atuação profissional de Adolfo Braga Neto e da sua equipe profissional.

Capítulo 1

Os primeiros tempos 1993-2000

A mediação, como forma de resolução de conflitos, começou a ser desenhada para o ordenamento jurídico brasileiro já na Constituição de 1988. Exemplos disso podem ser observados em seu preâmbulo, que determina ser o Estado Brasileiro fundamentado e comprometido "na ordem interna e internacional com a solução pacífica das controvérsias", e em outros dispositivos que privilegiam a autonomia das vontades dos cidadãos, muito embora à época inexistissem pessoas que estudassem o tema ou o praticassem.

No início da década de 1990, já havia a intenção do governo federal em implementá-la, especialmente na área trabalhista, na qual arbitragem e mediação poderiam ser utilizadas como métodos de resolução de conflitos, ainda que não houvesse o conhecimento mínimo necessário para isso, tanto por parte do capital quanto do trabalho.

Um exemplo de como o tema começou a gerar crescente atenção foi a criação do Instituto Nacional de Mediação e Arbitragem (INAMA) em 1991, com apoio técnico da American Arbitration Association (AAA) e orientação do Federal Mediation and Conciliation Service dos Estados Unidos. A entidade, comandada pelo consultor e negociador sindical Edmir de Freitas Garcez, ligado especialmente ao setor automobilístico, foi uma das pioneiras nessa área.

Ao mesmo tempo, a mediação dava seus primeiros passos como tema em debate no Congresso Nacional, no Ministério da Justiça, em entidades representativas de empresários e trabalhadores, nas universidades e outras instâncias.

Na Associação Brasileira da Indústria Plástica (ABIPLAST), por exemplo, o tema entrou em pauta no período, impulsionado especialmente por Ronald Caputo, então diretor jurídico de uma das maiores empresas do setor. O autor e Ronald começaram a entender melhor os institutos da arbitragem e da mediação, a partir do compartilhamento de uma preocupação comum quanto aos resultados de processos judiciais, que raramente satisfaziam aos empresários. Buscaram experiências no exterior e conheceram a arbitragem e depois a mediação.

Processos semelhantes ocorreram em outras entidades de classe, que começaram a avaliar a possibilidade de utilizar a mediação, buscando informações e tentando encontrar profissionais e instituições que pudessem auxiliá-las nesse caminho.

Essa tendência acabou por inaugurar uma era em que inúmeras leis foram aprovadas no Congresso Nacional, baseadas na vertente de estímulo ao diálogo entre os conflitantes. Entre elas, podem ser citados o Código de Defesa do Consumidor, de 1990 (Lei nº 8.078), a Lei de Defesa da Concorrência, de 1994 (Lei nº 8.884), a Lei dos Juizados Especiais Cíveis e Criminais (Lei nº 9.099/95), a Lei de Arbitragem, de 1996 (Lei nº 9.307), assim como a Lei de Patentes, de 1996, ou o decreto que regulamentou a Lei da Política Nacional de Meio Ambiente. Mais adiante, outras leis mantiveram esse espírito, como as que regulamentaram crimes ambientais (Lei nº 9.605/98), planos de saúde (Lei nº 9.656/98), mensalidades escolares (Lei nº 9.870/99), participação nos resultados das empresas (Lei nº 10.101/00) e medidas econômicas complementares ao Plano Real (Lei nº 10.192/01). Mais recentemente, pode ser mencionada como exemplo a Lei de Recuperação Judicial de Empresas (Lei nº 11.101/05).

No que tange à Lei dos Juizados Especiais Cíveis e Criminais (Lei nº 9.099/95), cabe lembrar uma de suas molas mestras, identificada por um de seus autores, professor Kazuo Watanabe, como uma resposta à "litigiosidade contida" existente na sociedade brasileira, que, segundo o desembargador Caetano Lagrasta Neto, expressa "todos aqueles conflitos sem solução, muitas vezes resultantes da renúncia total do direito pelo prejudicado". Promoveram-se com essa lei mudanças processuais como a possibilidade de se levar ao Poder Judiciário os conflitos de pouca expressão tanto econômica quanto social, que a ele não chegavam, e buscou-se com isso proporcionar um momento prévio em que o Estado oferece um espaço e um momento para promoção do diálogo. Por isso no Capítulo I, já nas "Disposições Gerais", o art. 2º determina que "O processo orientar-se-á pelos critérios da oralidade, simplicidade, informalidade, economia processual e celeridade, buscando, sempre que possível, a conciliação ou a transação". Privilegiou-se, assim, de maneira pioneira, o instituto da conciliação como método preventivo, mais informal pela proposta do diálogo antes da instauração do processo formal em que o Estado decide ao final.

Um dos motivadores desse interesse foi a percepção da necessidade de descongestionar os tribunais brasileiros. A tentativa ia no sentido de viabilizar, na expressão do professor Watanabe, a mudança do paradigma social corrente da "cultura da sentença para a cultura da pacificação dos conflitos".

Nessa época, em função desse interesse crescente pela mediação, especialistas estrangeiros – em sua maioria americanos e argentinos – passaram a fazer visitas frequentes ao país para ministrar palestras ou cursos, em várias regiões. O tema mobilizou o público que comparecia a esses eventos, levando alguns participantes a buscar capacitação teórica em países como Estados Unidos, França, Inglaterra e Argentina, com o objetivo de se preparar estruturalmente para difundir e capacitar outros profissionais brasileiros, além de implementar a atividade no Brasil.

Por outro lado, no que se refere a outro contexto, o empresarial, deve ser destacada a professora Selma Maria Ferreira Lemes, que atuava no Departamento Jurídico da Federação das Indústrias do Estado de São Paulo (FIESP). Com base em seus estudos e pesquisas sobre arbitragem e na experiência adquirida na CCI (Câmara de Comércio Internacional, com sede em Paris, França), que mantém o Centro de Arbitragem e Mediação, reconhecido internacionalmente, a professora Selma foi pioneira ao criar a Câmara de Mediação e Arbitragem do Centro e Federação das Indústrias do Estado de São Paulo, em 1995, entidade bastante reconhecida no Brasil e com atividades até hoje.

O entusiasmo da professora Selma sobre o tema encantou o autor, que sempre a reverenciou como sua mentora e inspiradora no que se refere à postura ética em termos profissionais e à qualidade dos seus estudos, como a tese de mestrado publicada no livro *Árbitro:*

princípios da imparcialidade e independência, que é referência nacional e internacional. Além disso, é importante lembrar que foi ela que apresentou o IMAB – Instituto de Mediação e Arbitragem do Brasil ao autor, em uma das inúmeras conversas informais em seu gabinete.

Nesse mesmo período, alguns dos especialistas estrangeiros em mediação e arbitragem que costumavam dar cursos ou consultorias no Brasil decidiram se instalar no País, a exemplo do argentino Juan Carlos Vezzulla, que já era um nome reconhecido quando se tratava de mediação.

Uma das consequências desse movimento foi a criação de instituições voltadas para a difusão e a capacitação de profissionais, com a participação de profissionais estrangeiros e brasileiros. Tal foi o caso do Instituto de Mediação (IM), fundado em 1994 em Curitiba, sob a liderança de Vezzulla e de Angelo Volpi Neto, bacharel em direito e titular do Cartório de Notas da capital paranaense. Três anos depois, em 1997, o IM se transformaria no IMAB.

O IMAB nasceu com o objetivo de promover a pesquisa, a divulgação e o desenvolvimento técnico e científico dos métodos extrajudiciais de resolução de conflitos. Desde o início, dedicou-se à capacitação de profissionais, realizando atividades nessa direção em diversos locais. Depois de promover os cursos pioneiros em Curitiba, com sucesso crescente, em 1996 foi a vez de iniciar essa atividade em São Paulo. O primeiro desses cursos na capital paulista, ocorreu em 1996, na ABIPLAST, com carga horária de 45 horas e a participação de 15 alunos, a maioria deles advogados. Desde então, São Paulo tornou-se o principal local para a realização de cursos, que, no entanto, continuaram a ser oferecidos em outras regiões.

Assim como ocorreu com as atividades de capacitação, a atuação do IMAB expandiu-se para outros pontos do País, a partir de Curitiba, sendo criadas diretorias regionais em São Paulo, Minas Gerais, Mato Grosso, Mato Grosso do Sul e Santa Catarina – posteriormente extintas, passando as atividades a ser centralizadas em São Paulo.

Além disso, para propagar a cultura da resolução de conflitos pelo diálogo, o IMAB celebrou convênios com diversas instituições para prestação de serviços de mediação e arbitragem.

O primeiro desses convênios foi estabelecido em 1995, com a Secretaria de Estado da Justiça e da Cidadania do Estado do Paraná, criando, no âmbito da Defensoria Pública do Paraná, o setor de mediação para atendimento à comunidade e abrindo a possibilidade de estágios para os aspirantes a mediadores. Esse convênio é considerado pelo autor como o primeiro nos moldes por ele propostos. Como a instituição administrava os conflitos sempre de maneira judicial e era (e ainda é) detentora do endereçamento de inúmeros conflitos, nada mais lógico que oferecer um serviço de forma gratuita para os seus assistidos. Com isso, a instituição parceira, o IMAB, utilizava os casos para treinar os profissionais que estavam conhecendo os efeitos que o processo de mediação e suas técnicas poderiam alcançar. Como resultado, a Defensoria obtinha acordos que eram homologadas em juízo ou fora dele e os "estagiários em mediação" ganhavam experiência e, portanto, mais segurança para atuar.

Logo se seguiram diversos outros convênios, nesse estado e em outros, como São Paulo, Minas Gerais, Mato Grosso e Mato Grosso do Sul.

Entre eles, merece especial destaque o convênio firmado com o Departamento Jurídico do Centro Acadêmico XI de Agôsto, da Faculdade de Direito da Universidade de São Paulo, criando um Escritório de Mediação, existente até hoje. Inspirado na experiência junto à Defensoria do Paraná, ali, com a participação de alunos dos cursos do IMAB, oferece-se a mediação como possibilidade dentro do atendimento à população com recursos econômicos limitados prestado pelo Departamento Jurídico do Centro Acadêmico. Devem ser ressaltados o entusiasmo dos estagiários em Mediação do IMAB pelo serviço e o apoio de todas a diretorias do Departamento Jurídico, ao longo de 20 gestões, com quem sempre se manteve um convívio inspirador.

Outra realização do IMAB que contribuiu para o debate sobre a mediação e a arbitragem e para fortalecer uma cultura favorável à sua utilização foi a organização de um congresso científico. Reunindo cerca de 400 pessoas, com especialistas de alto nível do Brasil e do exterior, o 1º Congresso Brasileiro de Mediação e Arbitragem aconteceu de 23 a 26 de setembro de 1998, em Curitiba, sendo sua comissão organizadora presidida por Lidercy Prestes Aldenucci e Guta Volpi. Entre os palestrantes, devem ser mencionadas autoridades internacionalmente reconhecidas como o britânico Andrew Floyer Acland, a norte-americana Sara Keeny e a argentina Marinés Suares.

Os seminários, debates e *workshops* do evento também contaram com a participação de especialistas na área de mediação e arbitragem, abordando uma ampla variedade de temas, como:

- Arbitragem Internacional

- Mediação e Arbitragem Comercial;
- Mediação nas Escolas;
- Mediação e Arbitragem Trabalhista;
- Mediação Familiar;
- Mediação Penal;
- As emoções do mediador;
- Estudo dos estados emocionais que interferem nas possibilidades de negociar;
- Capacitação de mediadores e árbitros;
- Ética na função de arbitrar e de mediar.

Os resultados trazidos por esse congresso foram muito positivos, levando a avanços, entre os quais devem ser destacados:

1. Foram delineados os modelos de planos de estudos para a capacitação básica em Mediação e em Arbitragem, de procedimentos operativos e de ética, posteriormente adotados pelo CONIMA como padrões nacionais.

2. Consolidou-se o conceito interdisciplinar da Mediação e da Arbitragem, pela diversidade de profissionais de diversas áreas participantes do congresso.

3. Foi confirmado o interesse em adotar essas duas práticas como as aplicáveis em conflitos de operação no Mercosul, pela numerosa participação de profissionais da Argentina, do Paraguai e do Uruguai.

4. Ficou claro, pela receptividade demonstrada pelos participantes do congresso, que a mediação e arbitragem são práticas

que trazem benefícios, sem entrar em colisão com nenhuma profissão da área jurídica ou qualquer outra área, nem com os métodos judiciais.

Discussões e medidas legais

Em setembro de 1996, foi sancionada a Lei nº 9.307, que regulamentou a prática da arbitragem. A partir de então, foram criadas diversas câmaras de arbitragem no País, muitas delas incluindo também em sua atuação a mediação. A aproximação entre esses dois institutos é uma peculiaridade brasileira, que pode ser atribuída ao fato de os movimentos pelas suas implementações terem se iniciado no mesmo momento e de o CONIMA haver incentivado isso ao ser criado, como será mencionado mais à frente.

Antes disso, no bojo da Constituição de 1988 e em virtude da tendência legislativa de se promover soluções negociadas para os conflitos, foi dado início a um processo de inclusão das palavras "mediação" e "mediador" (como um terceiro interventor imparcial e independente) em algumas leis, numa tentativa de implementar a atividade em situações específicas. Um exemplo é o da Lei nº 9.870, de 1999, que prevê a possibilidade da utilização de um mediador em casos de conflitos entre pais ou associações de pais e alunos e escolas, decorrentes de reajuste de mensalidades escolares. No âmbito das relações capital/trabalho, leis esparsas também fizeram menção ao termo mediação, mas sem qualquer preocupação de definir o instituto.

A tentativa de legislar especificamente sobre mediação ganhou força em 1998, quando se iniciou, no Congresso Nacional, a tramitação de projetos de lei sobre o tema. Entre esses projetos de lei, o mais debatido na comunidade de especialistas da área foi o de nº 4.827, de autoria da deputada Zulaiê Cobra Ribeiro. O conteúdo do texto refletia a simplicidade inerente à atividade. Eram apenas sete artigos, nos quais se definia a mediação como uma "atividade técnica exercida por terceira pessoa, que, escolhida ou aceita pelas partes interessadas, as escuta e orienta com o propósito de lhes permitir que, de modo consensual, previnam ou solucionem conflitos". O texto proposto estabelecia que a mediação poderia ser sobre qualquer matéria "que admita conciliação, reconciliação, transação ou acordo de outra ordem, para os fins que consiste a lei civil ou penal". Permitia, também, que a mediação pudesse versar sobre parte ou todo o conflito. E ainda possibilitava que o juiz, em qualquer tempo e grau de jurisdição, buscasse convencer as partes da conveniência de se submeterem à mediação extrajudicial ou, com a sua concordância, nomeasse mediador, estabelecendo o prazo de três meses, prorrogável por mais três, para a suspensão dos prazos inerentes aos direitos em discussão, para a tentativa de composição.

Esse projeto foi aprovado pela Comissão de Constituição e Justiça da Câmara dos Deputados, e depois, já em 2002, em plenário, seguindo para o Senado Federal. A continuação da sua tramitação está narrada no próximo capítulo.

O CONIMA

Para criar padrões mínimos de qualidade que guiassem o desenvolvimento da mediação e da arbitragem, dentro dos princípios éticos inerentes a ambas as atividades, em 1997, diversos profissionais se reuniram para um trabalho conjunto, sob a coordenação de Petrônio Muniz. Foi a chamada Operação Arbiter II, já que a Operação Arbiter I consistira na elaboração do projeto de lei da arbitragem, com o incansável trabalho de negociar com parlamentares as diversas emendas propostas ao longo de sua tramitação no Congresso Nacional até sua sanção em lei em 1996.

A Operação Arbiter II resultou na elaboração de dois documentos norteadores dessas atividades: os regulamentos modelo de arbitragem e de mediação, assim como códigos de ética para mediadores e para árbitros – instrumentos inspiradores de instituições brasileiras e estrangeiras criadas posteriormente. Cabe destacar o importante papel desempenhado nesse trabalho por professores e especialistas como Adriana Noemi Pucci, Angela Oliveira, Angelo Volpi Neto, Antonio José Marques Neto, Carlos Alberto Carmona, Elizabeth Accioly, João Baptista Morello, Juan Carlos Vezzulla, Mauricio Gomm, Paulo Borba Casella, Pedro Baptista Martins, Regina Michelon, Ronald Caputo, Selma Maria Ferreira Lemes, Suzana Metz, Tania Almeida Silva, Tania Braga Prieto, entre outros.

Esse trabalho bem sucedido levou o mesmo grupo a decidir criar um órgão permanente para coordenar novos esforços no sentido de disseminar esses métodos de solução de conflitos e conferir maior dimensão política a eles.

Foi assim que nasceu o CONIMA – Conselho Nacional das Instituições de Mediação e Arbitragem, em novembro de 1997. A data de fundação foi escolhida em homenagem ao primeiro aniversário de vigência da Lei de Arbitragem, durante seminário realizado no Superior Tribunal de Justiça.

Congregando 19 entidades de mediação e arbitragem então existentes no Brasil – entre as quais o IMAB, que participou diretamente da sua fundação e esteve representado em sua primeira diretoria, assim como em diversas outras gestões –, o CONIMA trabalhou desde então para estabelecer parâmetros de excelência para a sua atuação, assim como para disseminar e ampliar a credibilidade dos métodos extrajudiciais de solução de controvérsias (MESCs).

Seu reconhecimento como órgão abalizado a tratar do tema foi crescendo e se consolidando. Tanto é que, pouco após a sua criação, o CONIMA foi chamado pelo Banco Mundial para auxiliar nos trabalhos do Plano de Fortalecimento da Mediação e da Arbitragem no Brasil, projeto que era desenvolvido em diversos países do mundo e que no País se desenvolveu de 1999 a 2001.

O autor foi seu terceiro presidente, sucedendo a Petronio Muniz e Maurício Gomm. Os mandatos seguintes foram liderados por Cassio Ferreira Netto, Ana Lucia Pereira e Roberto Pasqualin. A instituição continua hoje a exercer papel relevante na salvaguarda da qualidade dos institutos da mediação e da arbitragem.

Artigo

De "alternativa" a método primeiro de resolução de conflitos: horizontes da mediação para além de sua institucionalização

Camila Silva Nicácio[3]

Um dilema clássico na sociologia do direito se refere à relação entre direito e mudança social: o direito altera a realidade ou vice-versa? À espera de resposta, a vida social se transforma em permanência sob o influxo das regras e normas jurídicas, bem como contribui, também permanentemente, para inspirá-las, alterá-las, no limite, abandoná-las, pelo desuso, pelo esquecimento. O desenvolvimento de práticas de mediação de conflitos[4] no Brasil parece se inscrever nessa dinâmica.

Se é certo que movimentos de institucionalização da mediação (via poderes Judiciário, Executivo e Legislativo) vêm de longa data no país, não se deixou de observar, por essa razão, o desenvolvimento de experiências cidadãs desvinculadas de qualquer referência ou

---

3. Professora adjunta da Faculdade de Direito da Universidade Federal de Minas Gerais (UFMG). Professora convidada da Université Paris I – Panthéon Sorbonne (2016-2017). Coordenadora do Programa Clínica de Direitos Humanos (Direito-UFMG).

4. A expressão "práticas de mediação" evita o risco de "essencialização" e, embora vaga, parece fazer justiça à multiplicidade de registros e ocorrências, seja com relação à metodologia adotada, aos objetivos pretendidos, à abordagem temática, ao grau de institucionalização, ao tipo de financiamento na origem das experiências, ao público atingido, dentre outros.

quadro institucional mais amplo, mormente no setor privado, na esteira de organizações e associações.

Por um lado, o Judiciário brasileiro, premido pelo acúmulo de processos e por uma lentidão crônica, tal como demonstrado em alguns estudos (cf. *Diagnóstico do Poder Judiciário*, Ministério da Justiça, 2004 e, desde então, *Justiça em números*, CNJ), assume papel central na promoção da mediação como meio não somente de contribuir para o "desafogamento" do sistema, mas, igualmente, de apostar em uma política de pacificação social. A Resolução nº 125 do CNJ e, em outra linha, as sucessivas campanhas de divulgação e realização de conciliações e mediações (vide Semana da Conciliação) foram, assim, incorporadas ao panorama jurídico-judiciário brasileiro como iniciativas de juristas desejosos por encontrar uma solução à "crise" e fomentar a passagem de uma cultura da sentença àquela do acordo.

Paralelamente, no âmbito do Poder Executivo, sucessivas edições do Programa Nacional de Direitos Humanos (PNDH, cf. 2002 e 2009) apontaram para a necessidade de incorporar a mediação – e posteriormente também a justiça restaurativa – no leque de estratégias para o desenvolvimento de um sistema de justiça mais "acessível, eficaz e efetivo". Em tais planos, estabeleceu-se como prioridade tanto a formação de policiais militares e civis nas técnicas da mediação, como a criação de serviços de mediação e orientação jurídica em zonas vulneráveis, além da formação de mediadores comunitários.

O Poder Legislativo, na função que lhe cabe, contribuiu de forma decisiva para a institucionalização da mediação, em um processo longo de discussão legislativa, cujo coroamento foi a edição do novo Código de Processo Civil e a Lei de Mediação, ambos de 2015.

Os três poderes considerados, percebe-se que a preocupação com a qualidade (e também a quantidade) do acesso à justiça, aqui entendido restritivamente como acesso aos tribunais, acompanhou e acompanha o desenvolvimento da mediação no Brasil, engendrando, em âmbitos diversos, uma plêiade de diretrizes e ações. Nessa perspectiva, é o direito ou, mais amplamente, os poderes instituídos que criam condições para inflexão nas práticas sociais, encorajando alternativas à ação estatal. O termo "alternativas" aqui não é figurativo, pois que a mediação foi (e ainda o é) longamente considerada por muitos como uma alternativa à justiça oficial.

Na seara privada, organizações e associações se movem já há muito na direção de "alternativas" – a palavra é renitente! – para fazer face tanto a um déficit de participação dos processos de tomada de decisão (vide atuação de ONGs, projetos universitários etc.), quanto aos problemas estruturais do sistema tradicional, como o custo excessivo ou a morosidade (aqui se situam escritórios, corporações, dentre outros). Ou seja, sem esperar pelo despertar por vezes sonolento de legisladores, administradores ou juristas, a mediação já se fazia e se faz presente há tempos como prática social, trazendo a reboque, ao seu turno, mudanças na lei e nas instituições.

Tem-se, então, que, seja pela promoção do Estado, seja pela iniciativa cidadã de grupos e indivíduos, a mediação é de mais a mais conhecida no Brasil; vai das vilas e favelas aos grandes escritórios, das escolas aos hospitais, do próprio Poder Judiciário às advocacias populares. Um primeiro passo parece, assim, pelas vias diretas e indiretas da institucionalização, ter sido vencido, cabendo agora a reflexão sobre os desdobramentos, o futuro da mediação. Qual será o sentido do seu desenvolvimento? Em que medida ela responderá aos anseios de pacificação e harmonização social? O que a distinguirá entre "sub-justiça" e "contracultura"?

A resposta a tais questionamentos passa, no meu modo de entender, por duas linhas centrais de raciocínio. A primeira diz respeito ao modo como vão se articular justiça oficial e mediação de conflitos. A segunda, à possibilidade de articulação, no bojo das mediações, entre uma lógica da autonomia e outra, a da solidariedade.

O advento e desenvolvimento da mediação parece se inscrever no cruzamento de movimentos distintos: por um lado, o da contratualização ou desjudiciarização, segundo o qual os sujeitos, individuais ou coletivos, pautados no postulado da autonomia da vontade, reclamam para si a gestão de suas questões e não veem no Judiciário o destino único e inevitável para as mesmas; e, de outro lado, o da judicialização e de sua consequência natural, a judiciarização, ou seja, a chegada do direito a vastos domínios antes geridos por outras fontes de regulação social e o aumento, por consequência, do volume do contencioso. A reflexão sobre esses movimentos indica que, embora mais integrada no cenário da sociedade atual, a mediação não faz objeto de consenso e é vista, ainda, com certa desconfiança pela média do público de cidadãos, que reconhecem na "justiça dos juízes" o fundamento de autoridade por excelência capaz de organizar, ao regulá-la, a vida social. Nesse sentido, deixar de ser identificada como uma "justiça de segunda classe" implica que a mediação seja veiculada como um outro modo de expressão do justo, diferente da justiça oficial, nem melhor, nem pior. Modo este que, por sua deontologia, seus princípios, responde diferentemente a questões diferentemente colocadas. Evitar a contraposição entre mediação e justiça estatal seria, dessa forma, apostar em que uma dinâmica de cooperação – e não de subordinação ou colonização – se instale entre elas, em proveito dos cidadãos.

Por outro lado, por articulação entre autonomia e solidariedade, gostaria de me referir à necessidade de, associado ao discurso centrado no *empowerment* dos envolvidos, recorrente quando das postulações sobre as práticas de mediação, situarmos o cuidado com os laços sociais, para o qual tais práticas parecem ser extremamente bem equipadas. Por suas ferramentas e *modus operandi* as mediações trazem a manutenção e a criação de solidariedades como traço distintivo e, em razão disso, inscrevem na vida política a imponderabilidade dos laços sociais. Em um mundo em que o homem é descrito como um "homem sem laços"[5], tal característica não poderia passar despercebida, tampouco a do pluralismo. Ora, na contemporaneidade, as sociedades ocidentais parecem se encontrar no cruzamento de diversos tipos de justiça e de direito. Elas buscam um modelo jurídico de regulação social que seja adaptado à pluralidade de atores sociais, de arenas de participação e de expressão da cidadania. Nessa busca, os meios consensuais de administração de conflitos, tais como a mediação, têm um papel fundamental, uma vez que podem satis-

---
5. BAUMAN, Zygmunt. *L'amour liquide*, de la fragilité des liens entre les hommes. Paris: Pluriel, 2010.

fazer e conciliar a necessidade crescente de autonomia pessoal e a necessidade de revigorar as solidariedades comuns. O discurso sobre o empoderamento dos participantes se concilia com aquele referente à manutenção/cuidado dos laços entre eles. Não podendo e não devendo agir sozinhos, os meios consensuais lembram, igualmente, a importância da justiça e do direito oficiais; um julgamento de adequação sendo o único capaz de apontar sobre a pertinência ou não desses diferentes modos de gestão à luz de um caso particular, no contexto de divisão do grande campo da regulação social, em que as lógicas da alternatividade, da complementaridade, da substituição são igual e concorrencialmente atuantes.

Assim, de simples alternativa à via judiciária a modo (quem sabe?) primeiro de resolução de conflitos, tal como o próprio novo CPC deixa crer, a mediação ainda deverá percorrer um longo percurso. O modo como vamos enunciá-la, como vamos praticá-la, o lugar que lhe daremos, serão decisivos para que ela possa, de fato, e não apenas retoricamente, animar mudanças. Nesse sentido, é auspiciosa a chegada da obra *Mediação: uma experiência brasileira*, contribuição inequívoca, pela experiência e sensibilidade de seu autor, à reflexão de para onde e como seguir.

Capítulo 2

O fortalecimento da mediação como opção para resolução e transformação de conflitos 2001-2007

Ao se iniciar o século 21, a mediação já encontrava utilização no Brasil, em algumas áreas. Por um lado, fortalecia-se o movimento para sua inserção como atividade sem remuneração junto ao Poder Judiciário, iniciado pelos próprios mediadores, pois detinham conhecimento da teoria, porém não experiência na prática. Daí oferecerem serviços de forma não onerosa ao Judiciário, que possuía inúmeros casos, inspirados nos serviços mencionados no capítulo anterior. Por outro lado, os serviços de mediação extrajudicial viam seu espaço de atuação dar passos adiante. Uma demonstração dessa evolução foi o estudo "Acesso à justiça por sistemas alternativos de administração de conflitos" (mapeamento nacional de programas públicos e não governamentais), elaborado pelo Ministério da Justiça em 2005. Sem ser exaustivo, considerou 67 programas de resolução e administração de conflitos de caráter público ou não governamental, com e sem fins lucrativos. Nesse total foram incluídas apenas iniciativas minimamente formalizadas, desenvolvidas em:

- Instituições governamentais – como Tribunais de Justiça, Defensorias Públicas, secretarias estaduais, órgãos municipais;

- Entidades não governamentais constituídas para ampliar a oferta de solução pacífica de conflitos ou que mantivessem programas dessa natureza;
- Parcerias entre duas ou mais organizações, estatais ou da sociedade civil.

O número tornava-se ainda mais significativo por não incluir os serviços de mediação extrajudicial, oferecidos mediante remuneração por escritórios, empresas e organizações – como o IMAB –, que não eram objeto do estudo, mas cujas contribuições e relevância este reconhecia. Merece destaque o fato de que, nesse estudo, o IMAB aparece em seis experiências consideradas referência para os pesquisadores.

É fato que o Poder Judiciário passou a usar mais a mediação e a conciliação, muitas vezes a partir da criação, dentro dos Tribunais de Justiça Estaduais, de setores ou núcleos dedicados a essas formas de resolução de conflitos, tanto com a participação de funcionários quanto de profissionais externos. É o que se convencionou chamar de mediação judicial.

Um dos projetos pioneiros nesse sentido foi o que levou à implementação, pelo Tribunal de Justiça do Estado de São Paulo (TJSP), da conciliação e mediação nos processos levados àquele Tribunal. A iniciativa, inédita no País na segunda instância judicial, iniciou-se em 2002 em caráter experimental e se tornou efetiva nos anos seguintes. Posteriormente, o Provimento nº 893/2004, do TJSP, autorizou a criação e instalação do Setor de Conciliação ou de Mediação no Fórum João Mendes e no ano seguinte outro Provimento estimulou a criação dos mesmos setores nas comarcas e foros do estado. Com isso, um novo espaço se abriu para o uso da conciliação e da mediação para as questões cíveis relacionadas a direitos patrimoniais disponíveis e, na sequência, para as questões de família e da infância e juventude, sobretudo estas últimas, de que foi exemplo a exitosa experiência da Vara de Infância e Juventude de Guarulhos, sob a coordenação do juiz Daniel Issler.

Paralelamente a essa atividade no âmbito do Poder Judiciário, observou-se o desenvolvimento de parcerias entre a iniciativa privada e órgãos públicos para utilização da mediação, sobretudo em ações voltadas para as comunidades em situação de maior vulnerabilidade, ampliando o acesso à justiça a todos os cidadãos. Nesse modelo de mediação comunitária, mediadores da própria comunidade, do Estado ou da iniciativa privada passaram a auxiliar as pessoas a resolver seus próprios conflitos. Experiências bem sucedidas nessa direção foram desenvolvidas, por exemplo, em estados como Ceará, Bahia, Distrito Federal, Minas Gerais, Pernambuco e Santa Catarina, que criaram Núcleos de Mediação nas próprias comunidades.

Toda essa movimentação repercutiu no IMAB. Além da participação do autor como palestrante ou debatedor em diversos eventos nacionais e estrangeiros sobre os métodos alternativos de resolução de conflitos, as atividades junto a instâncias públicas e privadas se intensificaram. Entre elas, destacou-se o convênio firmado, em 2000, com o Escritório Modelo Dom Paulo Evaristo Arns da Faculdade de Direito da Pontifícia Universidade Católica de São Paulo (PUC/SP), para a prestação de serviços de mediação de conflitos. O primeiro caso surgido ali foi levado à mediação pela sua complexidade e alta conflituosidade, resultando na pacificação do casal envolvido, para surpresa dos dirigentes da entidade parceira.

Deve ser registrado que essa parceria deve muito ao professor Fernando de Oliveira Marques, de quem o autor foi sócio em escritório de advocacia. Entusiasmado com o tema, o professor incentivou sempre que o IMAB estivesse presente na PUC/SP, em um primeiro momento na assistência jurídica do Centro Acadêmico 22 de Agosto e posteriormente no Escritório Modelo. Em relação a esse convênio, existente até hoje, vale registrar o importante papel desempenhado pelos diretores do Escritório Modelo, a começar por Anselmo Pietro Alvares, sucedido por Celeste Maria Gama Leão e Nelson Saule Junior, assim como pelas responsáveis pelo setor de mediação na instituição, primeiramente Rita Pimenta e posteriormente Andreza Zidiotti.

Deve ser salientado, também, que a sociedade de advogados Oliveira Marques Advogados Associados teve papel crucial para o IMAB de maneira geral, acolhendo em sua sede atividades como cursos, reuniões, encontros e até processos de mediação e arbitragem.

A propósito do convênio com o Escritório Modelo da PUC/SP, cabe lembrar ainda que foi a partir de uma visita da professora Lilia Salles ao local, em que presenciou a mediação desenvolvida por profissionais capacitados pelo IMAB, que se iniciou uma intensa troca de experiências com ela e com a instituição a que está ligada, a Universidade de Fortaleza, como ela enfatiza em seu artigo nesta obra. Hoje o autor colabora com os cursos de pós-graduação desenvolvidos na UNIFOR e com a parceria dessa instituição com a Universidade de Columbia, em Nova York, nos Estados Unidos.

Diversos outros convênios com órgãos ligados à Justiça foram estabelecidos, principalmente com os objetivos de capacitar mediadores e conciliadores e de realizar mediações. Entre essas instituições, podem ser mencionados o Tribunal de Justiça do Estado de Santa Catarina, a Vara da Infância e do Adolescente de Joinville (SC), a Defensoria Pública do Pará, a Secretaria de Defesa da Cidadania do Estado de Minas Gerais e o Tribunal de Justiça de São Paulo.

No que se refere a Minas Gerais, é importante destacar que o Programa de Mediação de Conflitos daquele estado é um exemplo de política pública com continuidade e busca incessante de aperfeiçoamento, com forte enfoque no aspecto social. Merece uma menção especial o trabalho de Ariane Gontijo, de seus antecessores e sucessores, assim como de suas equipes, sempre muito atentos e abertos aos elementos estruturantes da mediação, sem nunca poupar esforços para fazer as adaptações necessárias em suas atividades.

Da mesma forma, o trabalho do IMAB em colaboração com entidades privadas avançou e se diversificou, envolvendo, entre inúmeros outros, convênios com a Comunidade Evangélica Luterana de Curitiba, para a formação da Pastoral de Mediação; com a Associação Brasileira de Franchising (ABF) para a criação de um escritório de mediação para conflitos entre franqueadores e franqueados; ou com a Associação Brasileira de Esclerose Múltipla, também para a abertura de um escritório de mediação.

Outra vertente importante da atuação do IMAB nesse período foi a coordenação dos primeiros cursos de Mediação e Conciliação Judicial da Escola Paulista da Magistratura, sob a coordenação da desembargadora Maria Cristina Zucchi, à qual se somaram as atividades de capacitação em conjunto com o Centro Brasileiro de Estudos e Pesquisas

Judiciais – CEBEPEJ, sob a supervisão do professor Kazuo Watanabe, professora Ada Pellegrini Grinover, promotor Michel Romano, desembargador Caetano Lagrasta Neto e juíza Valéria Lagrasta, a partir de 2005 até meados de 2007.

Além disso, retornando ao contexto comunitário, outra iniciativa que vale a pena destacar, por seu ineditismo como política pública no País em nível federal, é o Programa de Justiça Comunitária, criado pela juíza Glaucia Falsarella Pereira Foley, do Distrito Federal, e lançado em 2008 pela Secretaria da Reforma do Judiciário do Ministério da Justiça, tendo a mediação como um dos seus principais eixos. O autor e Juan Carlos Vezzulla foram os consultores responsáveis pela formatação e desenvolvimento da capacitação para esse programa, em diversas regiões do País onde ele estava sendo implementado. O objetivo era estruturar um processo voltado para pacificação social, construindo um novo paradigma cultural nessas localidades, ao promover a preservação dos valores daquelas comunidades com a manutenção de sua harmonia.

Pode ser visto como uma experiência em que o Poder Executivo se coloca como incentivador, articulador ou mesmo implementador do desenvolvimento da cultura da paz e dos direitos humanos, com a promoção, sensibilização e capacitação de membros das comunidades para a importância das soluções negociadas e não adversariais de conflitos, com ênfase na mediação.

Reforma do Judiciário e legislação

Em 2002, como dito no capítulo anterior, o projeto de lei apresentado pela deputada Zulaiê Cobra Ribeiro foi aprovado por unanimidade na Comissão de Constituição, Justiça e Redação, sendo então remetido para a revisão do Senado.

O deputado Iédio Rosa, relator da matéria naquela Comissão, comentou, em seu voto, alguns pontos que se destacariam nas discussões que se travariam nos anos seguintes: "[a mediação] Visa auxiliar a prestação jurisdicional estatal, na medida em que, tendo o direito e a autonomia de vontade como norteadores éticos, busca, em conjunto com as partes, solucionar questões que possam resolver-se com a autocomposição, liberando o Judiciário para dedicar-se às matérias que dele não podem prescindir. A mediação, portanto, está voltada para uma atividade preventiva, da qual a sociedade cada vez mais necessita. Possibilita soluções práticas, viáveis e rápidas dentro de parâmetros legais ditados previamente, não devendo ser entendida como desvio de demandas da atividade jurisdicional estatal. Trata-se, evidentemente, de instituto inovador que merece a consideração do Senado Federal como alternativa para a solução de conflitos, podendo contribuir significativamente para a prestação jurisdicional estatal, liberando o Poder Judiciário de um grande número de processos, facilitando, assim, a análise daqueles nos quais sua manifestação é imprescindível".

Com o crescente debate sobre a necessidade de reformar o Judiciário – que resultou, por exemplo, na criação, em 2003, da Secretaria de Reforma do Judiciário no Ministério da Justiça –, a mediação manteve-se em pauta. No entanto, a Secretaria, em um primeiro momento, não considerou o tema importante nesse contexto de mudanças.

Em uma audiência pública promovida nessa época, reunindo instituições e profissionais atuantes na área, o CONIMA, então presidido pelo autor, posicionou-se contra a necessidade de legislar sobre a mediação, partindo do pressuposto de que representava a imposição de algo de cima para baixo e não levava em conta o histórico de experiências de sucesso no uso da mediação no Brasil e no exterior.

Nessa mesma oportunidade, surgiu a ideia de fundir o projeto de lei sobre mediação já aprovado na Câmara dos Deputados a outro texto elaborado por uma comissão encabeçada pela Associação Brasileira de Direito Processual. A proposta era construir um texto único, denominado "versão consensuada", criando dois tipos de mediação: extrajudicial e paraprocessual (realizada no âmbito judicial). A primeira seria aquela realizada por instituições e mediadores independentes, não importando onde realizariam a atividade, enquanto a segunda seria exclusiva de advogados no âmbito do processo judicial, subdividindo-se em outros dois tipos: a mediação prévia (voluntária) e a mediação incidental (obrigatória).

É fato que, no processo de rediscussão do Judiciário que mobilizava o País, o tema da mediação estava na ordem do dia. Vários processualistas passaram a considerá-la como uma forma de desafogar a Justiça, por meio da desjudicialização. Especialistas conceituados como os professores Ada Pellegrini Grinover e Kazuo Watanabe compartilhavam essa avaliação.

A aprovação, em 2004, da Emenda Constitucional nº 45, que determinou significativas mudanças no Poder Judiciário, representou mais um impulso para que a questão da mediação fosse debatida com maior ênfase. Com a posse do procurador Rogério Favreto como secretário, em 2007, a Secretaria da Reforma do Judiciário do

Ministério da Justiça passou a estimular o uso da mediação, do que é prova a criação do Programa da Justiça Comunitária, descrito anteriormente. A partir de 2009, seu uso se ampliou para agentes comunitários dentro do Programa Justiça Comunitária, da Secretaria de Reforma do Judiciário em parceria com o PNUD (Programa das Nações Unidas para o Desenvolvimento).

Independentemente da Secretaria, as discussões referentes à mediação prosperavam. No Senado, a Comissão de Constituição e Justiça passou a examinar o projeto de lei da deputada Zulaiê, tendo como relator o senador gaúcho Pedro Simon. O texto original recebeu inúmeros ajustes e acréscimos, a partir da chamada "versão consensuada", com os quais passou de 7 para 47 artigos. A ampliação do texto pode ser considerada uma tentativa de regulamentar toda a atividade, tanto no âmbito judicial quanto no extrajudicial, a fim de incorporá-la ao ordenamento jurídico brasileiro como iniciativa para desafogar o Judiciário, limitando seu uso à esfera civil.

Essa nova versão foi aprovada no Senado em 2006, sendo remetida para a Câmara para nova votação, por ter sofrido modificações. A tramitação, no entanto, não avançou, sendo constantemente travada por pressões de grupos desfavoráveis ao texto refeito pelo Senado.

A criação do FONAME

Nesse momento em que a mediação estava em maior evidência, com crescente utilização e sendo objeto de discussões referentes à sua regulamentação, foi criado o Fórum Nacional de Mediação – FONAME. O Fórum surgiu em 2007, reunindo diversas entidades, públicas e privadas, de vários pontos do Brasil, entre as quais o IMAB.

Como advertia o Estatuto, o FONAME não se dedicaria a realizar diretamente as atividades de mediação, formação e capacitação. Tratava-se de um organismo voltado à defesa e à promoção da mediação, assim como à pesquisa e à discussão sobre o tema. Seus objetivos envolviam e envolvem:

- Difundir a cultura da paz;
- Promover a contínua troca de ideias e o intercâmbio de experiências entre profissionais e estudiosos da mediação e de outros meios de solução pacífica de conflitos;
- Formular e definir critérios ou indicadores destinados a constituir parâmetros a serem observados: a) na capacitação, na formação e na sensibilização para meios de solução pacífica de conflitos; b) na qualificação de profissionais para essas atividades; c) na orientação quanto a preceitos e procedimentos éticos, a serem observados por quem se dedicasse à promoção de meios de solução pacífica de conflitos;
- Promover eventos sobre os meios de solução pacífica de conflitos.
- Opinar sobre proposituras legislativas e contribuir para a produção normativa sobre meios de solução pacífica de conflitos.

O autor participou das duas primeiras gestões do FONAME na qualidade de co-coordenador em conjunto com Célia Zaparolli, tendo como conselheiros Ada Pellegrini Grinover, Kazuo Watanabe, Caetano Lagrasta e Antonio Freitas, sendo posteriormente sucedidos na coordenação por Ernesto Resende, Marco Lorencini, Helena Mandelbaum e Sandra Bayer.

Entrevista

Grupo de supervisores do IMAB[6]

O grupo de cinco supervisores e diretores que respondia em março de 2017 pelas atividades de mediação conduzidas pelo IMAB esteve reunido com o autor e os editores deste livro naquela época. De maneira informal, evocaram lembranças e manifestaram suas opiniões sobre o tema. Os principais trechos dessa conversa estão condensados aqui.

Agenor Lisot, diretor secretário do IMAB, economista e mediador. Atuante no Escritório Modelo Dom Paulo Evaristo Arns da Faculdade de Direito da PUC/SP.

Joaquim da Silva Tavares Filho, diretor do IMAB, dentista e mediador. Atuante no Departamento Jurídico do Centro Acadêmico XI de Agôsto da Faculdade de Direito da USP.

Lia Regina Castaldi Sampaio, vice-presidente de Mediação do IMAB, advogada, psicóloga e mediadora. Atuante no Escritório Modelo Dom Paulo Evaristo Arns da Faculdade de Direito da PUC/SP.

Maria Cecília Carvalho Tavares, vice-presidente de Arbitragem do IMAB, advogada e mediadora. Atuante no Departamento Jurídico do Centro Acadêmico XI de Agôsto da Faculdade de Direito da USP.

Mariangela Franco Coelho, diretora financeira do IMAB, bióloga e ex-funcionária do Banco do Brasil. Atuante no Departamento Jurídico do Centro Acadêmico XI de Agôsto da Faculdade de Direito da USP.

---

6. Na época da entrevista, todos também atuavam na 3ª Vara de Família do Fórum do Tatuapé, em São Paulo, e participavam da lista de mediadores e árbitros do IMAB.

Como passaram a atuar na mediação e conheceram o IMAB?

Agenor: Em 1998, um tio da minha esposa me trouxe um *folder* do IMAB de Curitiba. Depois de algum tempo, a psicóloga da escola dos meus filhos falou sobre mediação e aí conversamos sobre o tema. Mostrei a ela o *folder* e ela recomendou muito que conhecesse Adolfo. Foi assim que cheguei ao IMAB. Comecei a atuar como mediador em 2000. Fiquei quase dois anos observando. Até que fui "empurrado" para atuar, pelo próprio Adolfo. Sempre atuei na PUC, onde estou até hoje. Não me sentia preparado, apesar de ter observado outros mediadores por inúmeras vezes, mas diante de necessidade de atuar como mediador fui ganhando experiência. Também tive o privilégio de ser nomeado como mediador e árbitro em processos de mediação e de arbitragem administrados pelo IMAB.

Maria Cecília: Como advogada e estudiosa das técnicas de resolução de conflitos, cheguei ao IMAB em 1999. Iniciei a prática da mediação no Departamento Jurídico XI de Agôsto e, como árbitra, tive a oportunidade de ser nomeada em processos de arbitragem administrados pelo IMAB.

Mariangela: Trabalhava no Banco do Brasil e conheci o IMAB por meio de uma advogada. Em janeiro de 1988, saía do banco e ia para o curso. Desde então faço parte do IMAB. Em 2001, quando me aposentei, passei a me dedicar integralmente à mediação. Atuo desde o início junto ao DJ XI de Agôsto, onde estou até hoje.

Joaquim: Conheci o IMAB por meio de minha esposa, Maria Cecília, que já atuava na área. Capacitei-me como mediador em 2002 e passei a atuar no Juizado Especial Cível da Vergueiro e, mais adiante, no Setor de Conciliação do Fórum João Mendes, ambos em São Paulo.

Lia: Conheci Adolfo na Comissão de Mediação e Arbitragem da OAB-SP. Eu era a única mediadora, todos eram arbitralistas. Fui para o IMAB em 2004. Dali em diante, desenvolvemos diversos projetos juntos: cursos, palestras e o livro *O que é Mediação de Conflitos*, da Coleção Primeiros Passos da Editora Brasiliense. Também tive o privilégio de ser nomeada como mediadora em processos de mediação administrados pelo IMAB.

O que podem contar sobre os cursos e os alunos?

A capacitação do IMAB é oferecida pelo menos uma vez ao ano, para no máximo 25 participantes, vindos de diferentes formações e profissões. As aulas são ministradas pelos supervisores. São 80 horas de aulas, após as quais os participantes recebem o Certificado de Conclusão. Com isso estão habilitados para o estágio prático, que no mínimo envolve outras 80 horas. As atividades práticas ocorrem no Departamento Jurídico do Centro Acadêmico XI de Agôsto da Faculdade de Direito da USP ou no Escritório Modelo Dom Paulo Evaristo Arns da Faculdade de Direito da PUC/SP.

Lia: Algumas vezes os alunos fazem um número muito maior de horas de prática, buscando ficar mais preparados.

Maria Cecília: Quando oferecemos o curso de capacitação em mediação, observamos que vários alunos passam por transformações interiores e sentem-se mais preparados para compreender seus próprios conflitos.

Mariangela: Nas capacitações, percebo que advogados, psicólogos e outros profissionais têm dificuldades em tirar a "capa" de sua formação. É gratificante perceber a mudança de postura ao fim do Módulo Teórico do Curso de Capacitação.

Como é a atuação na mediação e na supervisão dos alunos?

Os supervisores coordenam as atividades de mediação e contam com o apoio de estagiários, que atuam voluntariamente. Prestam seus serviços nas instituições mencionadas. Os assistidos, como são chamados os clientes dessas instituições, buscam normalmente o serviço jurídico por não possuírem recursos para remunerar advogados. Nesses atendimentos, são feitos esclarecimentos de seus direitos e eventualmente uma análise do potencial de eventual demanda ou defesa, caso o conflito já esteja judicializado e caso seja a outra parte assistida pela Defensoria Pública.

Os estagiários dessas instituições já possuem informações sobre a mediação e o serviço prestado pelo IMAB e, ao perceberem que a intenção do assistido não é um processo judicial ou mesmo que eventuais demandas judiciais serão muito prejudiciais a ele, sugerem a mediação, que poderá ocorrer caso aceitem a ideia. É facultada aos estagiários a possibilidade de acompanhar o caso em mediação desde seu início até o final. Diante do aceite, o estagiário procura conhecer qual seria a melhor forma de chamar a outra parte para uma reunião de mediação: uma carta, um telegrama ou um telefonema feito pela instituição ou pelo próprio assistido. Na sequência, a mediação entra na agenda do IMAB, que possui plantões com equipes diferenciadas em dias fixos da semana, as quais obedecem a um rodízio de profissionais. No dia agen-

dado, a equipe de mediação está a postos para desenvolver a atividade, com pré-mediadores, mediadores e observadores, acompanhados de um supervisor. A mediação pode ter de uma a mais reuniões (o número será adequado ao que os assistidos desejam), resultando em um acordo ou não. Não alcançado o acordo, os participantes são encaminhados ao estagiário do assistido que aceitou a mediação. Quando a mediação resulta em acordo, na maioria dos casos o estagiário faz a homologação do acordo junto ao Judiciário.

Lia: No Escritório Modelo da PUC, hoje todos os casos vêm da Defensoria Pública, mas nem sempre foi assim. Ali há um espaço muito bom para a realização da mediação.

Maria Cecília: O trabalho de mediação no Departamento Jurídico XI de Agôsto é realizado em horário comercial, o que representa uma dificuldade dos alunos interessados nessa prática que não dispõem de tempo hábil para o estágio. A filosofia fica, mas sem o exercício prático a atuação resta prejudicada.

Mariangela: A mediação é sempre em dupla, o que chamamos de comediação. O estagiário começa só observando, depois pode sentar com o supervisor e participar, sob a coordenação do supervisor, na mediação em curso. Quando está apto, já atua como comediador com sua coordenação e o acompanhamento do supervisor na própria mediação ou em sala na observação.

Como veem juízes e advogados diante da mediação?

Lia: O advogado tem que ser parceiro, vir com a gente. Se não trabalhar o advogado antes, ele atrapalha.

Mariangela: É preciso envolvê-los, no sentido de perceberem o quanto é importante sua presença e colaboração. Quando se consegue isso, funciona muito bem.

Joaquim: Tivemos um caso de mediação em que o advogado pediu para se retirar da sala quando percebeu ser dispensável sua presença durante a realização desse trabalho.

Maria Cecília: Temos os advogados como parceiros na formalização dos acordos e na elaboração de cláusulas contratuais que elegem a mediação e a arbitragem como meio de resolução de conflitos. Quanto aos juízes, percebemos que o nosso trabalho está sendo cada vez mais valorizado diante do bom resultado que apresenta. Exemplificando, a juíza titular da 3ª Vara de Família e Sucessões do Fórum Regional do Tatuapé, Tarcisa de Melo Silva Fernandes, constatou que no prazo de dois anos nenhum acordo realizado pelos mediadores retornou à sua vara para execução. Ela hoje afirma que possui tempo para se dedicar aos processos em que as partes demandam uma sentença judicial.

As características do mediador influem no trabalho?

Lia: Acredito que todo mediador precisa fazer terapia ou se trabalhar, conhecendo a si mesmo para lidar com o outro. Cada supervisor tem seu estilo.

Agenor: Apesar da diversidade de estilos, temos um fio condutor comum. Os princípios e valores comuns dão a linha mestra.

Mariangela: Trabalhamos de uma maneira que demonstra o nosso cuidado e acolhimento com as pessoas participantes do processo de mediação.

Joaquim: As habilidades de um mediador são natas, apenas se ampliam nesse aprendizado.

Mariangela: Mediação é uma vocação. A pessoa precisa ser vocacionada.

Lia: Ser voluntário tem a ver com a personalidade das pessoas. Vem de dentro essa questão de querer ajudar, como ocorre com o mediador.

Quais são os diferenciais que enxergam na mediação?

Agenor: Uma das coisas que é quebra de paradigma na mediação é que não se julga. É uma forma de as pessoas se reeducarem, porque chegam com expectativa de uma decisão. O mediador precisa de treinamento para não criar juízo de valor. É um exercício.

Maria Cecília: As pessoas se surpreendem quando são estimuladas pelos mediadores a falar sobre o seu caso. Diferente do Judiciário, onde só falam por meio de seus advogados.

Mariangela: Construímos com as pessoas a busca pela solução dos seus conflitos, através do diálogo e acolhimento de suas emoções e sentimentos.

Agenor: O processo é palpável, mas as pessoas são feitas de emoções, sentimentos, lembranças. Um processo judicial ou outro método não capta isso. Aí é que entra um diferencial importante da mediação. Sempre que falamos de mediação, seus princípios, seus efeitos, o fazemos com muito entusiasmo, com orgulho. Para testemunhar o que nos move a este entusiasmo, lembrei-me de uma mediação no Escritório Modelo. Um dia, apresentou-se um senhor com cerca de 65 anos e uma senhora também com mais de 60 anos, numa cadeira de rodas, auxiliada por sua filha. Depois de perguntarmos à filha se haveria alguma dificuldade em deixar os pais conosco (a equipe de mediação), ela saiu da sala. Então, os pais começaram a contar por que estavam aí. Cada um deles, como de regra acontece, falou das dificuldades da convivência na mesma casa, da falta de diálogo, da falta de atenção de um para com o outro, da bebida etc. Era evidente a falta de escuta; portanto, o que deveria ser um diálogo, na verdade era uma disputa para mostrar quem falava mais alto. Após intervenções dos comediadores, teve início uma transformação. Começaram a se escutar. Havia muito o que falar ainda, quando foi proposto um retorno, aceito por ambos, marcado para dali a um mês. Na saída, a filha foi chamada para auxiliar a mãe na cadeira de rodas, pois o marido saiu sem se despedir e nem empurrar a cadeira. No retorno, a filha não veio e aquele homem, que no primeiro encontro saiu sem se despedir, estava a empurrar a cadeira de rodas. A senhora, toda sorridente e feliz, começou a relatar que na semana anterior comemorara seu aniversário, e nesse dia, depois de muitos anos, aquele senhor lhe trouxera flores. Esse relato levou a comentários de todos sobre o fato de ser muito corriqueiro um desdobramento desse tipo em um caso levado a mediação. Foi também reforçada a conclusão de que a mediação pode promover a escuta, a retomada do diálogo e a vontade de transformar o conflito. Mostrou também como os temas conversados em no máximo duas horas com os mediadores foram suficientes para que aquelas pessoas retomassem o diálogo, tão necessário, a ponto de despertar o romantismo de levar flores no dia do aniversário. A mediação passou a convidá-los a pensar na retomada de seu relacionamento.

Capítulo 3

Da experiência no Judiciário à Lei nº 13.140/15 2008-2015

A crescente utilização da conciliação e da mediação no contexto judicial, narrada no capítulo anterior, ganha ainda mais força com o passar dos anos, levando com isso maior visibilidade para ambos os institutos no Judiciário. Ao mesmo tempo, era possível constatar uma ampla diversidade de práticas em quase todos os estados.

Uma das consequências disso foi o entendimento, por muitas pessoas, de que conciliação e mediação só existem no formato judicial – ou, o que é ainda mais grave, só poderiam existir nesse formato.

Um evento realizado em março de 2008 mostrou como era representativa essa vertente: o 1º Congresso de Mediação Judicial, promovido pelo Tribunal de Justiça do Distrito Federal e Territórios (TJ-DFT) e que contou com a participação de importantes autoridades do Judiciário, como a ministra Fátima Nancy Andrighi, do Superior Tribunal de Justiça (STJ), e de especialistas internacionais como Carrie Menkel-Meadow, Letícia Garcia Villaluenga e Ramon Alzate.

Como resultado desse clima favorável à absorção desses instrumentos pelo Poder Judiciário, começou a se fortalecer, dentro do FONAME, a ideia de criar uma política pública que neutralizasse o projeto de lei em discussão no Congresso Nacional e oferecesse um padrão mínimo nacional para o uso da conciliação e da mediação.

Tendo como líder o professor Kazuo Watanabe, um grupo de especialistas associado ao FONAME se reuniu para discutir propostas nesse sentido, que resultaram na publicação, em novembro de 2010, da Resolução nº 125/10 do CNJ – Conselho Nacional de Justiça.

Tal Resolução estabelecia, logo em seu Artigo 1º: "Aos órgãos judiciários incumbe, além da solução adjudicada mediante sentença, oferecer outros mecanismos de soluções de controvérsias, em especial os chamados meios consensuais, como a mediação e a conciliação, bem assim prestar atendimento e orientação ao cidadão."

Além de estabelecer a necessidade de que o Poder Judiciário oferecesse os serviços de mediação e conciliação, a Resolução apontou a necessidade de profissionais capacitados para isso, estabelecendo critérios mínimos para a sua formação. Desenvolveu, ainda, o Código de Ética de Conciliadores e Mediadores Judiciais.

Para prestar esses serviços, a Resolução definiu a criação dos Centros de Solução de Conflitos e de Cidadania (CEJUSCs), estruturas judiciais responsáveis pela realização de sessões de mediação e conciliação de conflitos nas áreas cível, fazendária, previdenciária, de família ou dos Juizados Especiais Cíveis, Criminais e Fazendários. Esses centros devem necessariamente ser compostos por setores de solução de conflitos pré-processual, de solução de conflitos processual e de cidadania e contar com juízes, servidores, mediadores e conciliadores devidamente capacitados em métodos consensuais de solução de conflitos.

Também como consequência dessa Resolução, assim como da definição de novas diretrizes na Secretaria de Reforma do Judiciário, na gestão comandada por Flávio Crocce Caetano, foi criada, em 2012, a Escola Nacional de Mediação e Conciliação (ENAM), em uma parceria entre o Ministério da Justiça e o CNJ.

Na ocasião do início das atividades da ENAM, reafirmando as intenções do CNJ em relação à mediação, o desembargador José Roberto Neves Amorim, conselheiro do órgão, declarou que esse instrumento é uma forma de diminuir a quantidade de processos e fazer com que os juízes atuem majoritariamente em causas nas quais sejam verdadeiramente necessários.

A escola iniciou suas atividades com foco em três eixos: capacitação de operadores de direito, membros da academia e da sociedade civil; realização de seminários e outros eventos de difusão de conhecimento; e promoção de projetos e atividades de ensino e pesquisa.

Foi firmado um termo de cooperação com a Universidade de Brasília, para oferecer 14 cursos na modalidade ensino a distância, dirigidos a operadores do direito, servidores públicos, agentes de mediação comunitária, professores e alunos do curso de graduação em direito. O autor participou como supervisor em dois desses cursos: o primeiro sob a coordenação de Luciane Moessa, denominado Curso EAD de Resolução Consensual de Conflitos Coletivos envolvendo Políticas Públicas; e o segundo sob coordenação de Juan Carlos Vezzulla, intitulado Curso EAD de Mediação Comunitária. Cabe enfatizar que a sinergia existente entre coordenador, supervisores e monitores foi tamanha que, mesmo com o encerramento desse curso da

ENAM, a equipe (Ariane Gontijo, Glaucia Falsarella Foley, Jucileide Cronemberger, Rafaella Duso, Silvia Vieira, Daniel Cattapreta, Juan Carlos Vezzulla e o autor) se reúne até hoje com o objetivo de elaborar textos e trocar experiências, com foco em replicar essa iniciativa e torná-la permanente.

As ações do novo secretário da Reforma do Judiciário não se limitaram à ENAM, envolvendo diversas outras medidas no sentido de estimular o uso da mediação judicial. Em 2013, por exemplo, a Resolução nº 125/10 do CNJ recebeu emendas que a tornaram mais adequada às ideias que ele defendia.

A Lei de Mediação

A Resolução nº 125/10 não eliminou as discussões sobre a necessidade de uma legislação específica sobre a mediação. Pelo contrário, estimulou o debate e desenvolvimento de propostas relacionadas ao tema.

No âmbito do Congresso Nacional, estava a passos lentos, muitas vezes em movimentos de arquivamento e desarquivamento nos períodos legislativos, a tramitação do projeto de lei originalmente apresentado pela deputada Zulaiê Cobra Ribeiro e que depois foi totalmente modificado no Senado. Mas o tema seguia provocando interesse.

Em 2013, o senador Renan Calheiros colocou em pauta a reforma da Lei de Arbitragem, incluindo nela a mediação. O ministro Luis Felipe Salomão, do STJ, coordenou os trabalhos de uma comissão encarregada pelo presidente do Senado de elaborar o novo texto legal.

Ao mesmo tempo, em reação a essa iniciativa do Senado, foi criada uma segunda comissão pela Secretaria da Reforma do Judiciário do Ministério da Justiça, com o intuito de preparar outra versão do texto.

Esses dois textos foram levados em 2015 para discussão no Senado, onde foram discutidos e analisados em conjunto com outro projeto de lei sobre o tema, de autoria do senador Ricardo Ferraço.

Ao contrário do esperado, a tramitação foi rápida. Em poucos meses, depois de passar pelo Senado e pela Câmara – onde recebeu alterações na forma de um substitutivo do relator da Comissão de Constituição e Justiça daquela Casa, deputado Sergio Zveiter – e novamente pelo Senado, foi aprovada a Lei nº 13.140, que recebeu a sanção presidencial no dia 26 de junho de 2015.

Colaboração com instituições de arbitragem e mediação empresariais

Além da experiência junto à Associação Brasileira de Franchising (ABF), que remonta a 2002, o autor sempre contribuiu com entidades eminentemente arbitrais, mas que incluíam os serviços de mediação. Como exemplo disso, podem ser citados o CAESP (Conselho Arbitral do Estado de São Paulo), a CMA-IE (Câmara de Mediação e Arbitragem do Instituto de Engenharia) e a CBMAE (Câmara Brasileira de Mediação e Arbitragem Empresarial). Destaca-se entre eles a Câmara de Mediação e Arbitragem de São Paulo, vinculada ao Centro e Federação das Indústrias do Estado de São Paulo (CIESP/FIESP), onde o autor atuou como consultor informal para sua Secretaria e também como mediador.

Em 2007, Alessandra Fachada Bonilha o apresentou à professora

Ada Pellegrini Grinover e a Celso Honda, que o convidaram para capacitar conciliadores e mediadores para a CAMFIESP – Câmara de Conciliação e Mediação da FIESP, que existiu por cerca de três anos, voltando depois a ser parte integrante da Câmara acima citada.

Em 2010, o autor foi convidado por Frederico Straube, presidente do Centro de Arbitragem e Mediação da Câmara de Comércio Brasil Canadá – CAM-CCBC a atualizar seus instrumentos, sua lista de mediadores e liderar a Comissão de Mediação naquela instituição, sob a secretaria de Silvia Salatino. Naquele momento, a mediação começava a ter maior visibilidade nesse centro, gerando a necessidade de implementação de um plano de trabalho. O resultado disso foi a ampliação do número de processos de mediação no CAM-CCBC, o que levou muitas outras instituições da área a incorporar essa prática efetivamente. Hoje, sob a batuta de Carlos Forbes e Eleonora Coelho, a mediação possui nessa Câmara um *status* diferenciado, contando com um Conselho Consultivo e uma sala própria para suas reuniões.

O IMAB e o setor de educação

Como mencionado anteriormente, o IMAB nos anos 1990 desenvolveu de maneira pioneira a mediação escolar junto à Secretaria Estadual da Educação do Paraná. Possuía, portanto, *know how* para essa atividade. Assim, dez anos depois, iniciou projetos com escolas privadas da capital paulista – como Miguel de Cervantes e Arquidiocesano –, assim como com escolas públicas da rede municipal em cidades como Sumaré e Itapeva.

Em 2010, o instituto foi convidado por Beatriz Graef e Felippe

Angeli a capacitar professores da rede estadual de ensino no âmbito do Programa de Proteção Escolar. Esses professores, de diversas disciplinas – chamados de professores mediadores – tinham a incumbência de ajudar em eventuais conflitos nas diversas interações existentes em uma unidade escolar. Foi uma iniciativa pioneira, bem sucedida, que se manteve por mais de seis anos.

O IMAB e a OAB

Por acreditarem ser o instituto da mediação tema importante para todos os operadores do direito, os representantes do IMAB, entre os quais o autor, rotineiramente atendiam a convites para ministrar palestras para diversos órgãos do sistema judiciário, visando difundi-lo e ao mesmo tempo esclarecer elementos relacionados à sua aplicação. Assim foi em Defensorias Públicas, como citado anteriormente, no Ministério Público em seus diversos níveis e, naturalmente, em várias seções da OAB (Ordem dos Advogados do Brasil).

Com relação à OAB, merece destaque um trabalho mais abrangente, que envolveu a capacitação de advogados nas cidades de Santo André, no ABC paulista, e Belo Horizonte. Para desenvolver essas atividades, o IMAB contou com decisivo apoio de pessoas como Antonieta Nogueira, Carmen Jane e Simone Fusari, em Santo André; e Beatriz Bovendorp, Leandro Rennó, Beatriz Brandt e Helena Delamonica, na capital mineira.

O IMAB e a mediação transformativa

O ambiente mais aberto às discussões e à prática da mediação permitiu ao IMAB ampliar a realização de cursos de capacitação, em diversos pontos do país. Ao mesmo tempo, o autor continuava a atender a convites para atuar como palestrante e debatedor em eventos nacionais e internacionais em que os métodos alternativos de resolução de conflitos estivessem em pauta.

Nessa trajetória do IMAB, merece ser destacada a aproximação com Joseph Folger. Em 2011, esse especialista norte-americano visitou o Brasil, contratado para uma consultoria, abrindo a oportunidade para que a mediação transformativa ganhasse mais espaço no País. Interessado em conhecer as experiências brasileiras nesse campo, ele participou de encontros com mediadores, entre os quais o autor – que via na mediação transformativa um novo caminho, ao qual já havia sido apresentado na década de 1990 por Vania Cury Yasbek.

Desde então, aprofundaram-se as relações entre o IMAB e Folger, que nos anos seguintes participou de programas de formação em São Paulo, Rio de Janeiro, Belo Horizonte e Porto Alegre.

Em 2016, o autor esteve no 3º Congresso Mundial de Mediação Transformativa, juntamente com um grupo de brasileiros entusiastas e praticantes dessa modalidade de mediação. Esse foi um exemplo das frequentes atividades internacionais que o IMAB tem desenvolvido, como será apresentado em mais detalhes no Capítulo 4.

Hoje, o autor, por considerar o modelo mais adequado aos preceitos da mediação, vem divulgando e capacitando mediadores dentro de seus parâmetros.

Entrevista[7]

Flávio Crocce Caetano[8]

Como foram seus primeiros contatos com a mediação?

A minha aproximação com o tema vem da época de estudante na PUC/SP. Logo no meu primeiro mês de aulas, tive contato com alguns advogados, ex-alunos da faculdade, que faziam parte da Assistência Judiciária, e me integrei a esse grupo, começando a participar de um trabalho com a população carente, na Zona Sul de São Paulo. Esse trabalho envolvia a mediação, que eu não conhecia, mas desde o início percebi que era uma forma interessante de lidar com litígios. Logo no primeiro caso de que participei, a advogada que liderava me deu um ensinamento fundamental, ao destacar que, antes de partir para uma solução judicial, era necessário ouvir as partes, entender a questão e tentar resolvê-la por meio do diálogo. Participei da Assistência Judiciária durante todo o meu período como estudante e posso dizer que isso mudou a minha formação.

Qual foi o passo seguinte?

Já como professor na PUC, fiz parte do núcleo de professores que começou a discutir e criou o Escritório Modelo Dom Paulo Evaristo Arns, no final dos anos 1990, para prestar assessoria jurídica popular gratuita. Ali, a mediação e os demais meios extrajudiciais de resolução de controvérsias eram desenvolvidos por meio de uma parceria com o IMAB –

---

7. Entrevista realizada em novembro de 2016 por Adolfo Braga Neto, Guilherme Assis de Almeida e Fabio Humberg, cujo conteúdo foi revisado pelo entrevistado.
8. Advogado, professor da PUC/SP (Pontifícia Universidade Católica de São Paulo), ex-secretário nacional de Reforma do Judiciário do Ministério da Justiça.

Instituto de Mediação e Arbitragem do Brasil, iniciada no ano 2000. O Escritório Modelo tinha duas frentes de atuação: a judicial, com processos especialmente nas áreas familiar, cível e criminal, e a de mediação.

O contato com o IMAB foi fundamental, porque percebíamos que as coisas podiam ser feitas de modo diferente. Era uma forma inovadora de tratar o conflito. Foi aí que conheci Adolfo Braga Neto.

Havia um forte interesse por parte dos alunos. E isso era algo que queríamos incentivar. Os coordenadores éramos eu, Nelson Saule, Celeste Gama Melão e Luiz Guilherme Arcaro Conci e pensávamos em tornar obrigatória a passagem pelo Escritório Modelo, mas a ideia não foi aprovada.

Depois me afastei do Escritório Modelo, atuando como professor da PUC/SP e advogado, na área de direito público.

Como retomou seu contato mais próximo com a mediação?

Foi só mais tarde, já na Secretaria de Reforma do Judiciário – onde entrei como chefe de Gabinete e depois passei a secretário em 2012, na gestão de José Eduardo Martins Cardoso como ministro –, que voltei ao tema com mais força. Já haviam avançado as discussões sobre mediação na gestão de Pierpaolo Bottini na Secretaria e demos continuidade a esse processo. O ministro José Eduardo recomendou que fosse estabelecido o mais amplo diálogo e a articulação em relação ao tema. A proposta não era de atuarmos como propulsores, mas proporcionarmos as condições para o diálogo. Com essa orientação, começamos o trabalho. Foi nessa época que reencontrei Adolfo, que era então um dos formadores de mediadores comunitários.

Conte um pouco mais sobre o trabalho na Secretaria.

No nosso planejamento estratégico, definimos três eixos de atuação. O primeiro era Acesso à Justiça, o segundo era Cultura do Diálogo e o terceiro, Enfrentamento à Violência. Nesses três eixos, considerávamos necessário avançar na mediação. Começamos a conversar com os principais interlocutores nessa área. Queríamos levar a Mediação Comunitária para todos os estados.

Para isso, várias iniciativas eram consideradas importantes. Primeiramente, uma lei de mediação, pois a Resolução do CNJ (Conselho Nacional de Justiça) não era suficiente. Além disso, era necessário transformar os cursos existentes em uma escola de mediação, para capacitar profissionais. Não só gente do direito, mas de outras formações, mudando a concepção existente. Nesse sentido, foi criada Escola Nacional de Mediação e Conciliação (ENAM), com cursos presenciais e à distância. Desenvolvemos vários cursos, em conjunto com a UnB (Universidade de Brasília). Outra iniciativa fundamental era criar a Estratégia Nacional de Não Judicialização (ENAJUDE).

Tudo isso caminhou e amadureceu praticamente ao mesmo tempo. A escola foi o primeiro movimento, facilitando a discussão da lei e do ENAJUDE. O momento histórico era propício, pois estava em andamento a revisão do Código de Processo Civil.

Como foi o processo que levou à Lei da Mediação?

O impulso para a lei veio do CNJ, em função da resolução. O ministro Ayres Britto, homem do diálogo, foi fundamental nesse processo. O conselheiro José Roberto Neves Amorim era o interlocutor principal.

Naquele momento, o Brasil presidia o Mercosul. Fizemos um seminário sobre Acesso à Justiça com vários países. A cultura do diálogo e da mediação estava presente em todos. Percebemos que o Brasil estava muito atrasado e vimos que realmente era a hora de agir. O passo seguinte foi a criação de uma comissão liderada pelo Ministério da Justiça e pelo CNJ. Destaco que foi uma comissão de especialistas e não de juristas. Dela faziam parte os ministros Nancy Andrighi e Marco Buzzi, do Superior Tribunal de Justiça (STJ), juntamente com o desembargador Neves Amorim, que estava no CNJ. Depois entrou outro conselheiro do CNJ, Emmanoel Campelo.

Foi aí que percebi que havia várias correntes relacionadas à mediação. Tínhamos que lidar com isso e com a movimentação no Senado, onde o senador Renan Calheiros tinha criado uma comissão de juristas para reformular a Lei de Arbitragem e incluiu a mediação nessa reformulação.

Na comissão, definimos que a lei deveria ser geral e principiológica. Uma preocupação especial foi com a mediação extrajudicial, para não engessar e não eliminar algo que funcionava bem. Queríamos preservar aquilo que existia e definir o funcionamento da mediação judicial. Estava em discussão o Novo Código de Processo Civil (NCPC) e não sabíamos o que viria ali.

Negociamos com o Senado, que foi representado pelo ministro Luis Felipe Salomão, do STJ. Ficou decidido que a comissão do Senado trabalharia com arbitragem, enquanto o Ministério trataria de mediação. Depois ambos juntariam os esforços.

O processo foi rápido. A comissão foi instalada em junho de 2013 e o texto, apresentado em outubro do mesmo ano.

O anteprojeto da Lei de Mediação foi apresentado a Renan Calheiros juntamente com o de reforma da Lei de Arbitragem. O senador Ricardo Ferraço foi responsável pela apresentação do projeto de lei de mediação, que teve como relator o senador Vital do Rego. A tramitação foi ágil e o texto foi aprovado no Senado, com pouquíssimas mudanças, em dezembro de 2013. Atribuo a rapidez ao fato de estarmos em um momento histórico adequado.

Em 2014, o projeto de lei foi para Câmara dos Deputados, onde a tramitação foi mais complicada. Havia muitas resistências, inclusive porque muita gente considerava que, com novo Código de Processo Civil, não era necessária uma lei para a mediação.

O deputado Sérgio Zveiter foi escolhido como relator na CCJ (Comissão de Constituição e Justiça) e teve papel fundamental para que avançássemos. Em abril de 2015, foi aprovado o substitutivo da Câmara, que voltou ao Senado e foi aprovado no início de junho, sendo sancionado no final de junho.

Com quais argumentos as resistências à lei foram superadas?

No início, houve uma resistência maior da magistratura, por causa da perda de poder, e dos advogados, em função da preocupação com a perda de mercado. Mas essas resistências foram vencidas com argumentação sólida.

Mostramos, por exemplo, que o custo do Poder Judiciário representava 1,3% do PIB (R$ 79 bilhões em 2015). E, também, que a taxa de congestionamento – ou seja, os processos que não andam – estava em 72% e que o tempo médio para conclusão era de 10 anos.

Explicamos, ainda, que a mediação tem algumas vantagens evidentes:
1. O diálogo – colocar as partes para conversar;
2. A formação de consenso entre as partes, propiciando uma decisão não impositiva;
3. O prazo muito menor, de 3 a 6 meses;
4. O custo: é muito mais barato.

Como avalia esse processo, pouco mais de um ano depois?

Se precisamos de todo esse diálogo e articulação para aprovação, esse trabalho precisa ter sequência para a sua implementação. Para funcionar, precisa ter gente capacitada e contratar mediadores e conciliadores. Esse é o grande desafio hoje.

Fora da Justiça, o plano era pulverizar pelo Brasil as experiências extrajudiciais. Acredito que investir em mediação comunitária é o caminho. Nosso projeto, que envolvia as Casas de Direito, não teve tempo de ser implantado. Vejo os CRAS (Centros de Referência da Assistência Social) e os cartórios como locais com condições para abrigar a mediação comunitária.

O fato é que temos hoje um sistema de justiça colapsado. A crise do sistema penitenciário está diretamente ligada a isso. Por isso, a mediação é tão importante.

Em 10 anos é possível mudar o panorama, dando um salto. Estamos na fase inicial. A lei foi o pontapé inicial, mas é preciso definir isso como uma política pública de justiça.

Capítulo 4

As experiências internacionais em parceria

O trabalho conjunto do IMAB com instituições públicas e privadas de outros países, em especial de língua portuguesa, intensificou-se no ano 2000, quando da sua presença no Fórum Mundial de Mediação (FMM). Antes disso, o IMAB já possuía certa experiência em eventos internacionais, por haver participado de conferências, seminários e congressos na Argentina, onde já apresentara trabalhos e estudos teóricos sobre o tema.

O FMM fora fundado em 1993 durante uma Conferência Internacional de Mediação na cidade de Dublin, na Irlanda, a partir de ideia da mediadora Barbara Wood. Foi oficialmente constituído em 1995 em uma assembleia realizada em San Lorenzo de El Escorial, próximo a Madri, sob a presidência do mediador espanhol Daniel Bustelo.

Registrado na Espanha, o FMM estabeleceu como meta a realização, a cada dois anos, de uma conferência mundial de mediadores para conhecer a expansão da mediação nos países e suas experiências, assim como para criar um ambiente de troca permanente entre mediadores e instituições nacionais e internacionais. O primeiro encontro não contou com a presença do IMAB, que participou da segunda edição, em 1998, em Havana, Cuba, juntamente com instituições e mediadores europeus, americanos, canadenses, argentinos e outros países. No terceiro encontro do gênero, realizado em Florença, na Itália, ocorreu a aproximação entre o IMAB – mais especificamente de seu presidente à época, Juan Carlos Vezzulla – e a Direcção-Geral da Administração Extrajudicial de Portugal (DGAE), então capitaneada por Maria da Conceição Oliveira.

Uma das Diretivas da Comunidade Europeia, emitida em 1988, mencionava a mediação como método de resolução de conflitos a ser inserido no ordenamento jurídico dos países membros, fazendo com que o tema ganhasse força junto a eles. Um dos resultados disso foi a publicação do *Livro Verde sobre as Modalidades Alternativas de Resolução de Conflitos no Âmbito do Direito Civil e Comercial*, refletindo as orientações da União Europeia sobre o tema.

Naquela época Portugal não possuía experiência nem informações sobre o tema, exigindo que o Poder Executivo as buscasse no exterior. As experiências dos países vizinhos não foram consideradas interessantes, mas uma nova possibilidade se abriu com a presença no FMM de 2000, quando os especialistas portugueses tiveram contato com o trabalho realizado no Brasil. Foi assim que se intensificou a busca pelo aprofundamento das discussões e pela disseminação de conhecimentos, razão pela qual foi organizada no ano 2000 a I Conferência sobre Meios Alternativos de Resolução de Conflitos, sob a coordenação da DGAE. Maria da Conceição Oliveira convidou Juan Carlos Vezzulla a participar dessa conferência e a partir de então se ampliaram os espaços de colaboração mútua. O IMAB começaria, logo depois, as atividades de capacitação de mediadores familiares, por solicitação do Ministério da Justiça português.

Prosseguindo na busca de informações e práticas aplicáveis em Portugal, uma missão daquele país, composta por membros dos poderes Executivo e Legislativo, visitou o Brasil e a Argentina – onde já havia uma lei de mediação desde 1995 – um ano após a conferência. Depois de conhecer as experiências dos Juizados Especiais da Bahia, do Centro Acadêmico XI de Agôsto em São Paulo, do IMAB e do Juizado Especial de Brasília, além de outras instituições em Buenos Aires, o grupo voltou a Portugal com elementos que permitiram a elaboração da proposta dos Julgados de Paz – transformada na Lei nº 78/2001 em julho do mesmo ano.

Essa lei estabelece, em seu artigo 16º, que "Em cada julgado de paz existe um serviço de mediação que disponibiliza a qualquer interessado a mediação, como forma de resolução alternativa de litígios". No mesmo artigo, mais adiante, a lei pontua que "O serviço de mediação é competente para mediar quaisquer litígios, ainda que excluídos da competência do julgado de paz, com excepção dos que tenham por objecto direitos indisponíveis".

Para os Julgados de Paz poderem oferecer a mediação, era preciso formar mediadores. Novamente, entra em cena o IMAB, a quem foi confiada a capacitação dos primeiros 70 mediadores para atuar nessa nova instância. Vezzulla e a psicóloga Lidercy Prestes Aldenucci foram os responsáveis pela formação desses profissionais.

A constituição da Associação de Mediadores de Conflitos, por esses primeiros profissionais, foi fundamental para que a prática fosse estimulada em Portugal. Como resultado de suas ações, em 2003, foi decidida a contratação de 400 mediadores. A necessidade de capacitação ressurgiu com força e o IMAB esteve novamente envolvido, ministrando cursos teórico-práticos de Formação em Mediação de Conflitos em diferentes cidades, em parceria com AMC e com apoio do Ministério da Justiça.

Tal colaboração perdurou até 2005, quando foi criado o IMAP – Instituto de Mediação e Arbitragem de Portugal, que passou a ser responsável pelos cursos e deu continuidade ao intercâmbio com o IMAB, por intermédio de Célia Nóbrega Reis, Isabel Amaral, Juan Carlos Vezzulla e Pedro Martins.

A experiência na Alemanha

Em decorrência da experiência do IMAB na capacitação de profissionais e, sobretudo, pela inclusão de temas não contemplados tradicionalmente nessa atividade – como o estudo aprofundado sobre o conflito, abarcando os aspectos subjetivos e elementos como fatores emocionais dele decorrentes, que naturalmente estarão no diálogo desenvolvido –, um instituição de Bremen, na Alemanha, solicitou uma formação para futuros mediadores. Tal evento ocorreu na sequência do Fórum Mundial de Mediação de 2005, que se realizara na cidade de Crans Montana, nos Alpes suíços.

Essa experiência chamou muito a atenção dos integrantes do IMAB, já acostumados a acolher elementos emocionais na mediação, o que não é comum na prática na Alemanha e sobretudo em Bremen. A atividade de formação se realizou durante uma semana em Frankfurt, com a participação de professores da instituição e 20 futuros mediadores.

A experiência em Angola

Também em 2005 o IMAB iniciou sua trajetória de colaboração com instituições de Angola. O ponto de partida foi um convite do Escritório dos Direitos Humanos da Organização das Nações Unidas, em conjunto com o Ministério da Justiça de Angola, para desenvolver um plano de implementação da mediação e arbitragem naquele país, como parte de um processo de reforma do Judiciário e de ampliação do acesso à justiça. Nesse processo de estruturação de seu sistema de Justiça, Angola buscava experiências de países com situações similares à suas: Brasil, África do Sul e Moçambique eram então as principais fontes de inspiração.

A aproximação também se deveu à participação do autor na Conferência Nacional sobre Acesso à Justiça, promovida em Luanda, capital do país africano, em maio do mesmo ano. Um painel sobre as experiências internacionais reuniu representantes de diversos países, entre os quais o Brasil, representado pelo IMAB. Ao final da conferência, diversas recomendações foram feitas, entre as quais as de avaliar as possibilidades existentes e regular a atividade de conciliação e mediação extrajudicial, realizada de modo institucional, de maneira compatível com a realidade angolana.

Dois parâmetros preliminares foram fixados para esse trabalho referente à conciliação e à mediação:

a) Tratá-las no plano comunitário de modo diferenciado dos litígios com maior complexidade;

b) Definir as grandes linhas delimitadoras de competências e de responsabilização, evitando o excesso de regulamentação que pudesse cercear a resolução de conflitos por via consensual entre as partes em litígio.

O país já contava, desde 1986, com uma Lei de Arbitragem. A intenção era criar uma lei para regular a medição o mais breve possível, mas isso acabou ocorrendo apenas em 2016.

Pouco tempo depois da conferência, o IMAB foi contratado para promover formações de mediadores em Angola. O autor e Juan Carlos Vezzulla lideraram quatro programas com essa finalidade entre 2005 e 2006.

Na sequência, em 2007, um seminário dedicado especialmente às experiências brasileiras nesse campo foi organizado em Luanda, colocando o tema em ainda maior evidência.

Todas essas ações faziam com que avançasse o processo de amadurecimento gradual da proposta de utilizar a mediação como alternativa para a resolução de conflitos. A força do direito consuetudinário em Angola, onde os costumes e a cultura tribal – com lideranças (Sobas) que tinham última palavra – mantinham-se relevantes e com grande aceitação, contribuía para que a mediação ganhasse espaço, sendo considerada mais adequada a essa realidade do que a justiça formal.

Um importante marco nessa trajetória foi o primeiro acordo de mediação em Angola, assinado em 23 de julho de 2008, referindo-se à separação de um casal e envolvendo assistência aos filhos menores e guarda das crianças. Os mediadores responsáveis foram o autor e o angolano Luís Kandangongo Jimbo.

O processo de estruturação de instituições para lidar com o tema teve como um de seus desdobramentos a criação, pelo Ministério da Justiça e dos Direitos Humanos, da Direcção Nacional para a Resolução Extrajudicial de Litígios, sob o comando de Esmeralda Mangueira, com quem o IMAB já mantinha boas relações. Esse órgão logo passou a incentivar a capacitação de profissionais para atuar nessa área, enviando inclusive pessoas para o Brasil e para Portugal. Deve ser ressaltado que os mediadores formados eram contratados pelo governo, exercendo a sua função como funcionários públicos – e não como profissionais independentes.

As atividades de formação de mediadores se intensificaram, tendo o IMAB como parceiro. Profissionais angolanos passaram por capacitação entre 2011 e 2014, ano em que se interrompeu a participação do autor nessas atividades. Em 2016, foi feita uma tentativa de retomar essas atividades, o que não foi possível por questões de agenda, mas o país africano voltou a contar com a consultoria do autor relacionada a esse tema.

A estrutura montada no Ministério da Justiça e dos Direitos Humanos envolveu a criação dos Centros de Resolução Extrajudicial de Litígios (CRELs), que oferecem serviços gratuitos que incluem conciliação, mediação e arbitragem. O primeiro deles foi inaugurado em 2014, em Luanda.

A experiência em Cabo Verde

Da mesma forma que ocorreu em Angola, um ano depois Cabo Verde privilegiou o Brasil no momento em que buscava elementos e experiências para impulsionar a mediação no país. O Ministério da Justiça local, com apoio do Banco Mundial, realizou em 2006 uma chamada internacional de especialistas, para a qual entrou em contato direto com o IMAB, solicitando a sua participação, pelo histórico positivo que detinha.

Diferentemente de Angola, Cabo Verde já contava com um arcabouço legal para a mediação, embora a atividade ainda não fosse utilizada. Dois decretos-leis, ambos de 09 de maio de 2005, estabeleciam a forma de funcionamento desse método: o de nº 30/2005, que criava os centros de mediação (posteriormente alterado pelo Decreto-Lei nº 62/2014), e o de nº 31/2005, que regulava o uso da mediação na resolução de conflitos (alterado mais adiante pelo Decreto-Lei nº 63/2014).

A lei tinha como uma de suas bases a existência de Casas do Direito, em que a mediação seria aplicada. Esses locais eram resultado de uma política pública estabelecida pela Direcção Geral de Assuntos Judiciais e Acesso ao Direito do país e neles estavam previstos Centros de Mediação.

Por causa da lei e da política pública definida, era necessário formar mediadores. O Banco Mundial financiou um projeto dedicado a essa finalidade, que teve o IMAB como um de seus executores.

A primeira formação de mediadores conduzida pelo IMAB ocorreu em 2006 na capital do país, Praia, localizada na ilha de Santiago.

A situação geográfica – trata-se de um arquipélago com 10 ilhas – e a condição econômica de Cabo Verde, marcado pela pobreza, eram fatores limitadores à disseminação da prática da mediação. Mesmo com profissionais habilitados, a sua implementação não avançou, ficando em estado latente até receber novo impulso em 2010, quando se elaborou o Decreto-Lei nº 40/2010 – definindo os princípios fundamentais e as normas que regem a conduta dos mediadores – e, principalmente, com a instalação do primeiro serviço de mediação de Cabo Verde, na Casa do Direito de Terra Branca.

Foi em 2015, no entanto, que a mediação realmente deslanchou no país. Primeiramente, com a criação do Centro Nacional de Mediação e Arbitragem (CNMA), órgão público dedicado à materialização do uso dos meios alternativos de resolução de conflitos. Nesse mesmo ano, foi desenvolvida também nova rodada de formação de mediadores, ampliando o quadro de profissionais capacitados, que passaram a fazer parte da Lista Oficial de Mediadores e de Árbitros de Cabo Verde, registrados no CNMA. Esse programa foi novamente conduzido pelo IMAB, a convite de Filomena Aguiar, do Ministério da Justiça, em função da boa avaliação do trabalho realizado anteriormente. Nessa segunda leva, uma das prioridades da atuação dos mediadores foi a regularização do registro imobiliário, aspecto em que havia forte potencial de conflito.

A partir daí, o processo avançou, existindo hoje mais de duas dezenas de Casas do Direito no país, com seus Centros de Mediação ativos, tanto em Praia quanto em várias outras ilhas. E o autor continua suas atividades de consultoria para esses órgãos.

Artigo

A evolução e avaliação da mediação no Brasil: questões chave para analisar o projeto e a implementação da prática[9]

Joseph P. Folger[10]

Introdução

São muitos os motivos que justificam o atrativo da mediação para muitos grupos e *stakeholders*[11] no Brasil. De maneira semelhante ao desenvolvimento da mediação nos Estados Unidos e em outros lugares, o seu atrativo deriva de um conjunto diversificado de forças e interesses (Bush & Folger, 1994). Dentre as forças que impulsionam o crescimento da mediação, destacam-se:

1. O estímulo para os cidadãos assumirem mais responsabilidade ao enfrentarem seus conflitos;
2. O apoio à habilidade dos cidadãos de lidar com as diferenças

---

9. Tradução de Julia Barros, tradutora, psicóloga, psicanalista e mediadora. Título original em inglês: "*The Evolution and Evaluation of Mediation in Brazil: Key Questions for Assessing the Design and Implementation of Mediation Practice*".

10. Ph.D. Professor de Desenvolvimento Organizacional na Temple University, Philadelphia, EUA, e cofundador do Institute for the Study of Conflict Transformation.

11. Nota da Tradutora: Em inglês, *stake* significa interesse, participação, risco. *Holder* significa aquele que possui. Assim, *stakeholder* também significa *parte interessada* ou *interveniente*. É uma palavra muito utilizada nas áreas de comunicação, administração e tecnologia da informação, cujo objetivo é designar as pessoas e grupos mais importantes para um planejamento estratégico ou plano de negócios, ou seja, as partes interessadas.

que surgem em empresas, bairros, locais de trabalho e comunidades, colaborando na capacitação para que enfrentem conflitos complexos;
3. O aumento na eficiência no Judiciário, que inclui economia de tempo e despesas, reduzindo a quantidade de casos presentes no sistema;
4. Maior eficiência ao reduzir o tempo que os cidadãos precisam aguardar para terem seus casos atendidos e maior economia por não terem os gastos legais de recorrerem ao Judiciário;
5. Possibilitação da justiça social por meio do desenvolvimento da comunidade e envolvimento dos cidadãos nas suas próprias questões e conflitos; e
6. Permitir que as pessoas encontrem suas próprias soluções criativas para as suas questões

Essas diversas forças que impulsionam o desenvolvimento da mediação são inconsistentes entre si. Expectativas e metas diferentes para a mediação suscitam crenças diferentes a respeito do que é importante na mediação e os resultados esperados ou desejados. Por exemplo, uma grande ênfase no aumento da eficiência no Judiciário (#3 acima) pode levar a prática da mediação a perder o seu potencial para apoiar a habilidade das pessoas de aprenderem a lidar com seus próprios conflitos(#2).

Enfatizar a eficácia nos resultados da mediação (e o foco exclusivo nos acordos) pode levar os mediadores a serem altamente diretivos e avaliativos em acordos realizados no Judiciário. Quando isso acontece, a mediação se torna cada vez mais parecida com outros métodos de intervenção no conflito, como a arbitragem ou *settlement conferences*[12]. O resultado é que a mediação não apoia as metas #1 e #2 acima. Algumas das forças que impulsionam o desenvolvimento da mediação podem levá-la a perder seu valor único. A oportunidade de potencial aprendizado que a mediação oferece aos cidadãos é perdida ou subvertida quando a mediação se torna um processo diretivo e autoritário que não apoia a habilidade dos mediandos de enfrentar e elaborar o conflito.

À medida que a mediação se desenvolve e é implementada na prática de forma cada vez mais ampla no Brasil (dentro e fora do sistema judicial), é muito importante que existam diretrizes claramente impostas para avaliar o que a mediação oferece tanto para as instituições que patrocinam programas de mediação quanto para os cidadãos que participam como mediandos. Sem expectativas claramente colocadas a respeito do que a mediação pretende entregar como resultado, o processo de mediação pode perder o apoio dos *stakeholders* que apoiam programas de mediação e dos participantes que fazem uso do processo (Antes, Folger & Della Noce, 2001).

Este artigo oferece cinco diretrizes que podem ser utilizadas para avaliar o *status* e as potenciais contribuições da mediação à medida que sua implementação aumenta em programas no Judiciário e fora dele no Brasil. Essas diretrizes visam encorajar os líderes do campo da mediação, bem como mediadores e *stakeholders* institucionais, a focar e avaliar o valor da mediação e dar os passos necessários para preservar e proteger esse processo importante durante a sua imple-

---

[12]. N. T.: Procedimentos (*court hearings* e *settlement conferences*) usualmente utilizados no sistema Common Law, que não têm correspondência nos métodos na Civil Law. O método mencionado não existe no sistema jurídico brasileiro e não possui equivalência, exceto, é claro, processos judiciais e arbitragem.

mentação. Essas diretrizes são fundamentadas pelos meus 30 anos de envolvimento no desenvolvimento da mediação nos Estados Unidos, bem como pelo trabalho que venho fazendo no apoio a programas de mediação e a mediadores na Europa, Austrália e América do Sul (incluindo o Brasil ao longo dos últimos cinco anos).

Cinco diretrizes para avaliar a implementação e prática da mediação

Diretriz #1 As metas estabelecidas para a mediação claramente distinguem a mediação de outros métodos de intervenção no conflito?

Apesar das muitas qualidades e dos resultados da mediação, duas características a tornam **valiosa e única** como processo de intervenção no conflito. Essas duas características, juntas, definem a mediação como processo valioso para os mediandos e *stakeholders*. Elas também distinguem a mediação de outros processos de gestão de conflito como arbitragem, conciliação, *court hearings* e *settlement conferences.*

Autodeterminação das Pessoas: Desde o início do movimento de resolução alternativa de disputas, os defensores da mediação vêm enfatizando a mediação como um processo em que os próprios mediandos identificam suas questões, geram suas soluções e determinam se poderão chegar a um acordo. A presença do mediador apoia a discussão ou negociação e os mediandos podem e devem identificar as questões que querem levantar e o que será efetivamente abordado. O mediador sustenta a crença de que os mediandos são quem melhor conhece a sua situação e são capazes de criar as melhores soluções para o que enfrentam. Isso implica que o mediador não avalia, lidera, controla ou determina os resultados ou acordo.

Sem preservar a autodeterminação dos mediandos durante o processo, a mediação se torna um método de intervenção no conflito parecido com processos adjudicatórios como a arbitragem, por exemplo (Bush, 2010).

O Potencial Humanizador do Diálogo: A segunda característica da mediação que a torna única e valiosa é a plataforma que esse processo oferece para as pessoas se conectarem. Por meio do diálogo, os mediandos conquistam uma maior compreensão interpessoal, descobrem que compartilham forças e fraquezas e presenciam reações emocionais. Esses efeitos da comunicação muitas vezes criam conexões humanas maiores, que superam o resultado da disputa. Quando as pessoas estão em conflito e não se falam, passam a se enxergar como forças contrárias unidimensionais. Diante do conflito e na ausência da comunicação interpessoal, as pessoas tendem a se depreciar (Folger, Poole & Stutman, 2013). O impacto de os mediandos se encararem e se engajarem na mediação tem o potencial de modular e humanizar a interação. As pessoas muitas vezes se conectam e enxergam maneiras em que são parecidas enquanto seres humanos, mesmo ao discordar. A oportunidade que a mediação oferece para o diálogo entre os mediandos trabalha contra a tendência de depreciação e logo cria a possibilidade para a diminuição do conflito e a geração de soluções criativas e viáveis. Mesmo quando não se chega a um acordo, a conexão humana que o diálogo pode criar muitas vezes diminui a negatividade e as oportunidades de escalada do conflito ou violência (Bush & Folger, 2005).

A junção da autodeterminação dos mediandos e a oportunidade para o diálogo entre eles é o que torna a mediação valiosa e distingue a mediação de outras formas existentes de intervenção no conflito para as partes, que também têm o seu valor. Contudo, se alguma dessas características se perder na prática da mediação, se não forem preservadas pela prática ou se forem subvertidos pela influência de instituições que promovem programas de mediação, a mediação se torna cada vez mais parecida com os processos de intervenção que visa substituir. Quando essas diferenças não são preservadas na prática, os mediandos que usam mediação e até mesmo o público em geral ficarão confusos a respeito do propósito da mediação e céticos a respeito do sentido de participarem do processo.

Diretriz # 2) A prática da mediação incorpora as características principais da mediação que fazem dela um método único e diferenciado de intervenção no conflito?

A mediação deve ser praticada de maneira que apoie a autodeterminação dos mediandos e o potencial humanizador do diálogo ou pode ser praticada de maneira não incoerente com suas metas singulares. O desenvolvimento e o direcionamento da prática da mediação são predominantemente determinados pelo **treinamento** oferecido a mediadores e os **processos de certificação** estabelecidos dentro de um país ou uma região em que a mediação é promovida e implementada. A certificação codifica as expectativas de como os mediadores conduzem seu trabalho.

Treinamento

Existem abordagens para o treinamento que ensinam os mediadores a proteger e apoiar a autodeterminação dos mediandos e o diálogo na sua prática. Essas abordagens são caracterizadas pelas seguintes marcas da prática do mediador:

- Mediadores são treinados para se sentirem confortáveis com a interação difícil e conflituosa dos mediandos. Aprendem a trabalhar com a interação em vez de barrá-la ou controlá-la.

- Mediadores permitem que as partes controlem e discutam aspectos importantes do processo de mediação. Os mediadores são treinados para conversar com os mediandos a respeito do rumo da conversa e de como querem conversar entre eles.

- Os mediadores apoiam as escolhas dos mediandos a respeito do que querem discutir ou negociar, incluindo a possível discussão de questões intangíveis como a confiança, o respeito, estilos de comunicação, diferenças culturais etc. Os mediandos decidem se essas questões serão abordadas.

- Os mediadores aprendem a proativamente seguir a discussão dos mediandos em vez de liderar ou controlar a conversa.

- Os mediadores são treinados para evitar a imposição de regras para os mediandos que sufocam e controlam o diálogo das partes ou limitam as suas vozes.

- Os mediadores abrem a discussão das diferenças suscitadas pelos mediandos, em vez de focar exclusivamente no que é consenso e concordância.

- Os mediadores evitam fazer perguntas que os coloquem numa posição em que precisem entender as questões e que, por isso, crie a expectativa de que irão resolver os problemas dos mediandos se entenderem suficientemente as questões.

- Os mediadores intervêm de maneiras que ajudam os mediandos a se escutarem.
- Os mediadores são treinados a evitar a positivação dos comentários dos mediandos e, em vez disso, apoiam as vozes e as palavras exatas utilizadas pelos mediandos. Os mediadores são ensinados a respeitar uma maneira de falar que é confortável e aceitável para os mediandos.

Métodos de treinamento que não se alinham com os princípios acima muitas vezes criam práticas de mediação que subvertem a autodeterminação dos mediandos e o potencial humanizador do diálogo entre eles. Se o mediador decidir quais os assuntos relevantes para se chegar a um acordo viável e o mediador controlar o diálogo para se focar apenas nessas questões, a autodeterminação se deteriora rapidamente no processo. Ou se o mediador estabelecer regras para a conversa entre ao mediandos que inibam a capacidade dos mediandos de falarem livre e abertamente, os mediandos podem facilmente perder a sua voz na sala. O resultado é que os efeitos positivos em potencial do diálogo se perdem porque os mediandos não se sentem à vontade para falar da maneira que o mediador exige ou espera.

Certificação

Qualquer processo estabelecido para avaliar e certificar a competência do mediador precisa incluir critérios de avaliação alinhados com o treinamento e os princípios práticos delimitados acima. Quando os métodos de certificação alinham-se com os princípios de treinamento que apoiam a autodeterminação e o diálogo dos mediandos, a prática do mediador é direcionada de maneira a preservar as características singulares da mediação (Bush, 2004). Por meio do processo de certificação, os mediadores veem que a sua competência profissional está ligada à importância de permitir que os mediandos confiem nas suas próprias habilidades e na capacidade de sustentar um diálogo difícil.

Os métodos mais contundentes de certificação incluem um componente comportamental. Os mediadores que buscam a certificação conduzem e apresentam uma mediação real ou simulada que será avaliada. Um conjunto de marcas da prática é utilizado para analisar se a prática do mediador incorpora os métodos de intervenção que são alinhados com a autodeterminação das partes e a facilitação do diálogo dos mediandos. Se possível, o mediador que busca certificação deve ter a oportunidade de discutir com o avaliador da mediação se as suas intervenções são coerentes ou incoerentes com o conjunto de marcas. Essa discussão com o avaliador permite que o mediador compreenda os pontos fortes e fracos da sua prática e faça as mudanças necessárias.

Diretriz #3) Os *stakeholders* que implementam a mediação no Judiciário e em outras instituições endossam e valorizam as características singulares da mediação?

A mediação pode perder suas características únicas e valiosas se os *stakeholders* institucionais que desenvolvem e patrocinam programas de mediação não entenderem e apoiarem a autodeterminação dos mediandos e o papel do diálogo no processo. Grande parte da mediação que vem sendo desenvolvida no Brasil (bem como nos Estados Unidos e outros países) é realizada dentro do Judiciário. Decisões que são tomadas pelas lideranças judiciais ou juízes a respeito de como a mediação é implementada e avaliada podem propiciar as características singulares da mediação ou diminuí-las (Folger, 2010; Miller, 2010). Alguns fatores são cruciais para determinar como os *stakeholders* se relacionam com as metas e com a qualidade da prática da mediação dentro das suas instituições.

Primeiro, é essencial que os diretores dos programas de mediação eduquem as lideranças do Judiciário a respeito dos resultados positivos do estabelecimento de uma prática da mediação que preserve a autodeterminação e o diálogo.

O Judiciário pode contar com aproximadamente 65% de liquidação de casos, uma taxa razoavelmente alta. Mas, além disso, o diálogo que os mediandos muitas vezes têm na mediação ajuda a acelerar a negociação, mesmo quando acordos não são finalizados na sessão de mediação. Comprova-se que é mais fácil para o juiz decidir depois de as partes discutirem as suas questões na mediação. Além disso, os juízes e outros profissionais da Justiça podem usufruir da capacitação que a mediação oferece e que enfatiza o empoderamento dos participantes no processo. Eles reconhecem a importância de os cidadãos aprenderem a lidar com os seus próprios conflitos. A perspectiva do Judiciário a respeito da habilidade do cidadão de abordar as suas próprias questões é uma questão social. Deve-se investir também no desenvolvimento de processos judiciais que previnam a violência ao apoiar uma maior compreensão e conexão por meio do diálogo.

Segundo, é essencial que as lideranças do Judiciário entendam os riscos e os possíveis resultados negativos da prática da mediação que não preserva a autodeterminação dos participantes e o papel central do diálogo no processo. Entre as preocupações, estão a possibilidade de os mediadores conduzirem uma prática não autorizada pela lei, a dupla representação dos mediandos durante o processo e a confusão do público a respeito de como a mediação difere da arbitragem. Essas são questões importantes sobre as quais os líderes do Judiciário e os próprios juízes se debruçarão, se forem instruídos a respeito.

Diretriz #4) Existem mecanismos de proteção que monitoram o processo de mediação que, alinhados com suas características essenciais, tornam a mediação valiosa?

Por conta das potenciais forças que podem moldar a prática da mediação, é importante que os programas de mediação estabelecidos no Judiciário e em outros contextos institucionais promovam processos de monitoramento e avaliação que sirvam como mecanismo de proteção da prática. Um dos maiores programas de mediação nos Estados Unidos foi desenvolvido e implementado pelo U.S. Postal Service (correio norte-americano).

Cerca de três mil mediadores foram treinados para abordar milhares de conflitos que surgiram entre os gestores e funcionários envolvendo alegações de discriminação (Halberlin, 2001). A patrocinadora do programa deixou claro que queria a mediação não só para resolver questões, mas também para ajudar os gestores e funcionários a enfrentar melhor os conflitos. Ela enxergou e valorizou o efeito de participar da mediação como um potencial para a capacitação. Na sua visão, o mediador não deveria falar o que as pessoas deveriam fazer e sim apoiar as vozes, as decisões e o diálogo dos participantes durante essas mediações organizacionais.

Para garantir o alinhamento da prática com as metas desejadas pelo programa, os gestores do U.S. Postal Service que conduziam programas nas várias regiões do país fizeram treinamento de mediação, apesar de não serem mediadores (o programa empregou mediadores externos). Esses funcionários do U.S. Postal Service observavam os casos dos mediadores e avaliavam a prática de cada um para decidir quais mediadores seriam convidados a conduzir casos futuros no programa. Esse processo de avaliação foi efetivo ao servir como mecanismo de proteção para a prática da mediação nesse programa organizacional. Como resultado, os efeitos desejados pelo programa foram alcançados. Os gestores, por exemplo, relataram que passaram a adotar uma abordagem mais construtiva para lidar com conflitos de funcionários depois de participarem de uma mediação (Anderson & Bingham, 1997; Bingham, 2010; Bingham & Nabatchi, 2010). Esse foi um resultado valioso para a organização, pois as habilidades para gestão do conflito dos gestores começaram a mudar a cultura organizacional.

Diretriz #5) A pesquisa avaliativa dos programas de mediação tem como foco as características singulares da mediação?

Os programas de mediação precisam conduzir e depender de métodos de avaliação alinhados com as metas únicas e valiosas da mediação que foram discutidas nas diretrizes acima. O Judiciário e outros programas com base institucional muitas vezes focam a pesquisa de avaliação apenas nos índices de acordo. Os acordos são um resultado valioso da mediação, mas, quando a pesquisa destaca o acordo, não tem como avaliar se os acordos foram feitos através da autodeterminação e diálogo ou se foram fortemente encaminhados pelos mediadores que conduziram os casos.

É possível acessar altos índices de acordo nos programas de mediação, mas esses acordos podem ser produzidos por um processo em que os mediadores: a) desencorajam os mediandos a conversar, por meio do uso excessivo do *caucus* (reuniões separadas); e b) exercem uma grande influência nas questões abordadas pelos participantes. Por isso, as medidas que só olham para os índices de acordo dizem muito pouco aos *stakeholders* a respeito do quanto a prática da mediação nos seus programas preserva as características valiosas e únicas da mediação.

É possível desenvolver medidas de pesquisa quantitativa que documentam percepções dos mediandos a respeito do apoio que o mediador oferece para a autodeterminação e o diálogo no processo. Pode-se perguntar às partes se sentiram que o processo permitiu a discussão aberta a respeito de questões e o controle do que foi discutido na sessão. Essas medidas podem ser utilizadas juntamente com índices de acordo para apreender as percepções dos participantes acerca do processo e o papel que tiveram ao moldar seus próprios acordos e a sua habilidade de conversar sobre questões difíceis com outro mediando durante a sessão de mediação.

Além disso, é importante que sejam realizados estudos qualitativos que possam documentar os resultados valiosos da autodeterminação e do diálogo (Folger, 2001; Folger & Bush, 2014). Os estudos qualitativos que apreendem o que acontece ao longo do próprio processo de mediação podem ilustrar como as partes conquistam uma clareza maior a respeito de questões específicas – clareza a respeito das suas próprias perspectivas das questões e clareza a respeito da perspectiva da outra parte. Esse tipo de pesquisa qualitativa e descritiva também pode documentar a mudança na civilidade e aceitação diante das divergências. Essa pesquisa pode mostrar como a qualidade da interação no conflito dos mediandos muda para uma abordagem mais positiva e humanizadora, mesmo quando não se consegue chegar a um consenso em relação a uma questão específica (ver, por exemplo, Antes, Folger & Della Noce, 2001).

Essas mudanças significativas que os mediandos fazem são grandes conquistas do processo de mediação e precisam ser aprendidas por uma pesquisa avaliativa alinhada com esses efeitos. Sem essa documentação, os resultados valiosos da mediação não são visíveis. O verdadeiro valor do processo pode não ser visto por quem avalia o impacto da mediação.

Conclusão: A missão crucial para as instituições de profissionais da mediação

O desenvolvimento e apoio para a mediação no Brasil dependerão muito do alinhamento da prática com as diretrizes apontadas acima no Judiciário ou outros contextos institucionais. As organizações e associações de mediação que representam grupos de mediadores praticantes precisam assumir a liderança na promoção e explicação dessas diretrizes e determinar maneiras de usá-las para apoiar o desenvolvimento da prática.

Líderes no campo da mediação não podem ignorar as forças que afastam a prática da mediação dos seus valores essenciais e características singulares. Isso significa, por exemplo, que, se o Judiciário quiser estabelecer a "mediação avaliativa", os líderes no campo da mediação precisam rejeitar publicamente isso como método de intervenção no conflito porque: a) confunde o público a respeito do que é a mediação; e b) já existem métodos (como a arbitragem e outros) que servem à meta que o Judiciário pode estar buscando quando solicita a mediação avaliativa.

E significa também que líderes no campo da mediação devem criar procedimentos de avaliação e processos de certificação para programas de treinamento de mediação para garantir que os mediadores sejam treinados com métodos de intervenção do tipo apontado na diretriz #2.

Ou, como terceiro exemplo, líderes no campo da mediação precisam estabelecer centros em que as partes ou líderes do Judiciário possam levantar reclamações legítimas a respeito das práticas de mediação inconsistentes com os valores fundamentais descritos aqui. Os mediandos ou seus representantes devem poder fazer reclamações a respeito de mediadores que não estimulam os mediandos para o diálogo diferente. De modo semelhante, os participantes podem apontar mediadores que avaliam ou moldam os termos de um acordo que viola a imparcialidade e a autodeterminação dos envolvidos. Quando as organizações de mediação criam vias oficiais em que as partes ou líderes judiciais reportam práticas de mediação duvidosas, a cultura profissional é estabelecida quando os mediadores se sentem mais responsáveis pela sua prática.

Em suma, a mediação é um processo valioso e muito frágil. Líderes do campo da mediação precisam proteger o processo para que possa continuar oferecendo uma oportunidade poderosa para as pessoas resolverem suas questões e aprenderem a viver em sociedades e comunidades em que as diferenças não deixarão de existir. A mediação oferece para as pessoas físicas ou jurídicas a oportunidade de conviver com a diferença mesmo quando não for possível o acordo. As associações profissionais de mediação no Brasil e em outros lugares têm a responsabilidade de defender o valor único da mediação e proteger o processo para que o seu impacto tão valioso para os indivíduos, organizações, comunidades e sociedades seja preservado.

Referências

ANDERSON, J.F. & BINGHAM, L. B. (1997). Upstream effects from mediation of workplace disputes: Some preliminary evidence from the USPS. *Labor Law Journal*, 601, 606-610.

ANTES, J. (2010). Assessing transformative practice: methods and approaches. In FOLGER, J. P.; BUSH, R. A. Baruch; DELLA NOCE, D. (Eds.), *Transformative mediation: A sourcebook* (pp.85-104). Hempstead NY: Association for Conflict Resolution & The Institute for the Study of Conflict Transformation.

ANTES, J.; FOLGER, J. & DELLA NOCE, D. (2001). Transforming conflicts in the workplace: Documented effects of the USPS REDRESS program. *Hofstra Labor & Employment Law Journal*, 18 (2),429-467.

BINGHAM, L. B. (2010). Mediation at work: transforming workplace conflict at the U.S. Postal Service. In FOLGER, J. P.; BUSH, R. A. Baruch; DELLA NOCE, D. (Eds.), *Transformative mediation: A sourcebook* (pp.321-341). Hempstead NY: Association for Conflict Resolution & The Institute for the Study of Conflict Transformation.

BINGHAM, L. B. & NABATCHI, T. (2010). From postal to peaceful: Dispute systems design in the USPS REDRESS program. *Review of Public Personnel Administration*, 30 (2), 211-234.

BUSH, R.A.B. (2004). One size does not fit all: A pluralistic approach to mediator performance testing and quality assurance. *Ohio State Journal on Dispute Resolution* 19 (3), 965-1004.

BUSH, R. A. B. (2010). Taking self-determination seriously: The centrality of empowerment in transformative mediation. In FOLGER, J. P.; BUSH, R. A. Baruch; DELLA NOCE, D. (Eds.), *Transformative mediation: A sourcebook* (pp.51-72). Hempstead: Association for Conflict Resolution & The Institute for the Study of Conflict Transformation.

BUSH, R. A. B. & FOLGER, J. (1994). *The promise of mediation: Responding to conflict through empowerment and recognition*. San Francisco: Jossey-Bass.

BUSH, R.A.B. & FOLGER, J. (2005). *The promise of mediation: The transformative approach to conflict*. San Francisco: Jossey-Bass.

FOLGER, J. (2001). Mediation research: Studying transformative effects. *Hofstra Labor & Employment Law Journal*, 18 (2), 385-397.

FOLGER, J. (2010). Transformative mediation and the courts: A glimpse at programs and practice. In FOLGER, J. P.; BUSH, R. A. Baruch; DELLA NOCE, D. (Eds.), *Transformative mediation: A sourcebook* (pp.165-180). Hempstead: Association for Conflict Resolution & The Institute for the Study of Conflict Transformation.

FOLGER J. & BUSH R.A.B. (2001). *Designing mediation: Approaches to training and practice within a transformative framework*. NY: Institute for the Study of Conflict Transformation.

FOLGER, J. & BUSH, R.A.B. (2014).Transformative mediation: A self-Assessment. *International Journal of Conflict Engagement and Resolution*, 2 (1), 20-33.

FOLGER, J.; POOLE, M.S. & STUTMAN, R.K. (2013). *Working through conflict: Strategies for relationships, groups, and organizations* (7th edition). NY: Pearson.

HALBERLIN, C. (2001). Transforming workplace culture through mediation: Lessons learned from swimming upstream. *Hofstra Labor & Employment Law Journal*, 18 (2), 375-383.

MILLER, J. (2010). Choosing to change: transitioning to the transformative model in a community mediation center. In FOLGER, J. P.; BUSH, R. A. Baruch; DELLA NOCE, D. (Eds.), *Transformative mediation: A sourcebook* (pp. 181- 206). Hempstead: Association for Conflict Resolution & The Institute for the Study of Conflict Transformation.

Capítulo 5

A visão do autor sobre a mediação

A mediação de conflitos pode ser definida como um processo em que um terceiro imparcial e independente ajuda, em reuniões separadas ou conjuntas com as pessoas envolvidas em conflitos, sejam elas físicas ou jurídicas, a promover um diálogo diferente daquele decorrente da interação existente por força do conflito. O papel desse terceiro é o de acompanhar e apoiar mudanças daquela interação, as quais naturalmente ocorrerão caso o diálogo diferente efetivamente ocorra, podendo ou não levar à criação de soluções que atendam a todos os envolvidos. Na hipótese de construírem alguma solução ou soluções, quase sempre cumprem espontaneamente os compromissos assumidos.

A mediação mencionada segue o que muitos identificam e poucos conhecem como **mediação transformativa**[13], na qual o mediador é um incentivador do diálogo diferente entre os participantes do processo: não julga, não orienta, não assessora, não faz sugestões ou avaliações sobre o conflito e muito menos os direciona para algo que considera necessário ou adequado. Esse mediador considera que os participantes possuem recursos próprios para mudar a interação entre eles e, com isso, refletir e promover mudanças em suas percepções a respeito do conflito e da relação entre eles (de

---
13. FOLGER, Joseph P.; BUSH, Robert A. Baruch. *The Promise of Mediation*. San Francisco: Jossey-Bass, 2005, p.5.

fragilidade e autocentramento, em direção ao empoderamento e reconhecimento mútuos).

A simplicidade conceitual enfatizada no primeiro parágrafo deste capítulo encobre o caráter complexo do método, operado por meio da intervenção de um terceiro imparcial e independente com funções diferentes de outros profissionais da modernidade, entre as quais proporcionar momentos de interação inéditos, até então não vivenciados pelos participantes. Em outras palavras, essa aparente simplicidade promove a identificação de toda a complexidade de que se reveste a conexão entre aquelas pessoas e o conflito instaurado.

A mediação se propõe a refletir sobre essa complexidade para, com ela, promover o repensar sobre a perspectiva de futuro dos participantes, seja com a continuidade do convívio, seja com a ruptura sem traumas ou sequelas entre eles. Em outras palavras, a mediação não busca resgatar os laços eventualmente perdidos, mas, sim, o vivenciar de novos elementos de mudanças em torno da fragilidade e do autocentramento de seus participantes, em direção ao fortalecimento e reconhecimento mútuos, a partir do respeito recíproco.

Dentre os elementos essenciais da mediação de conflitos, a autonomia das vontades possui grande protagonismo, sendo talvez o mais relevante, pois o caráter voluntário da mediação constitui-se na grande mola propulsora da atividade. Só existirá o processo se as pessoas efetivamente quiserem dele fazer parte e, para tanto, é fundamental que conheçam seus objetivos, seu dinamismo, bem como seu alcance e limitações. Da mesma maneira, esse elemento permite às pessoas, ao longo do processo, administrar o conflito conforme suas vontades com base em aspectos por elas mesmas definidos. Conclui-se claramente, pelas observações acima, que a mediação de conflitos não possui qualquer caráter impositivo. Ela existirá caso as pessoas efetivamente tenham interesse em dela fazer uso, tomará o rumo que elas determinarem e, ao mesmo tempo, incluirá temas por elas identificados e sobre os quais desejem discorrer. Por isso, não há como impor a mediação, mesmo com a previsão legal que hoje existe no Brasil. A Lei nº 13.140/15, considerada o Marco Legal da Mediação, determina a obrigatoriedade da presença em uma primeira reunião, quando existir um contrato com cláusula de mediação, não obrigando os contratantes a nela permanecer. A intenção do legislador, ao tornar obrigatória a primeira reunião, foi promover conhecimento sobre o método e, simultaneamente, permitir aos envolvidos sentirem o ambiente de cooperação, seu pressuposto. Nesse sentido, só é possível o uso da mediação quando há predisposição das pessoas envolvidas no conflito em dialogar sobre questões relativas a suas respectivas visões, interações e conexões. E, a partir do momento em que sentirem que lhes faz sentido participar do processo, permanecerão enquanto considerarem oportuno e adequado para elas.

A mediação se baseia na premissa de que o conflito ocorrido faz parte do passado. Não há como modificá-lo, mas ele pode ser enfrentado e transformado. E, como comentam Bush e Folger, em *The Promise of Mediation*[14], esse é o momento em que as pessoas percebem que estão vivenciando uma oportunidade única de falar e escutar sobre a inter-relação entre elas existente.

A mediação pressupõe a confidencialidade, no sentido de que in-

---
14. FOLGER, Joseph P.; BUSH, Robert A. Baruch. *The Promise of Mediation*. San Francisco: Jossey-Bass, 2005.

formações, fatos, relatos, situações, propostas e documentos trazidos, oferecidos ou produzidos ao longo de seu processo serão cobertos pelo manto do sigilo, não podendo ser revelados a pessoas que dele não participam. A confidencialidade, assim, inclui o processo como um todo. Caso se desenvolva em reuniões separadas, ela também deverá ser preservada, sendo que o mediador somente revelará alguma informação de uma pessoa a outra com autorização daquela que ofereceu a informação.

Na mediação, essa característica ou vantagem, como defendem muitos, é revestida de responsabilidade ímpar, pois se recomenda que seja sempre prevista, no termo de mediação, uma cláusula que vede a possibilidade de o mediador ser arrolado como testemunha em processo judicial ou extrajudicial subsequente, salvo eventuais questões ligadas a violações da ordem pública e dos bons costumes.

Convém enfatizar que a confidencialidade, considerada também princípio do instituto, oferece a oportunidade de um ambiente protegido para que as pessoas físicas ou jurídicas exponham abertamente o que está se passando com elas, pois será por meio desse conforto que o diálogo se tornará diferente daqueles aos quais a interação entre elas levou.

Por outro lado, deve ser lembrado o caráter da confiabilidade que a mediação propõe. Ao optar pela mediação, os mediandos o fizeram baseados na confiança de que esse método é o mais adequado para o conflito que enfrentam. A mesma confiança deverá ser projetada, posteriormente, ao mediador, que, sem ela, não alcançará o ambiente necessário para as mudanças em torno do fortalecimento e reconhecimento que os participantes buscam, muitas vezes inconscientemente. Caso a confiança com o mediador não ocorra, o risco de eventual compromisso assumido não ser cumprido é muito maior – e o mesmo vale para a interrupção do processo.

A mediação, nesse sentido, busca ajudar os participantes a administrar os conflitos a partir de seus próprios saberes e recursos. Para tanto, já que no Brasil o método ainda é muito desconhecido, deverão ter a informação antecipada sobre o processo para tomadas de decisões. O seu empoderamento a partir da escolha do método, como defendem Bush e Folger, é outro elemento imprescindível para a mediação, que poderá se dar pelo acesso a informações privilegiadas antes do processo e sobre todas as questões a serem discutidas durante o seu andamento, além de, obviamente, com a conexão com o outro.

O conflito traz sempre o "desrespeitar mútuo", que pode ser identificado tanto com a falta de reconhecimento sobre aspectos pessoais quanto com a imposição da vontade de um sobre o outro. A mediação se propõe a ajudar os participantes a se reconhecerem mutuamente, oferecendo instrumentos que espelhem claramente o momento que estão vivenciando e a forma como gostariam que o outro mudasse ou não.

A mediação, desde o primeiro momento da preparação – a pré-mediação –, assim como ao longo de todo o processo, busca resgatar o respeito às individualidades de todos, sempre a partir de seus limites e perspectivas pessoais, com base em suas visões individuais únicas.

Deve ser enfatizada também uma consequência muito comum da utilização da mediação. Em diversos casos, as pessoas que dela fazem uso acabam aprendendo a administrar seus próprios conflitos de maneira diferente e, às vezes, de maneira inusitada para elas mesmas. Com isso, capacitam-se para lidar com futuras diferenças. Por isso, muitos autores identificam seu caráter didático.

Esse desdobramento pode ser explicado pelo fato de os mediandos se colocarem, ao longo da mediação, em um lugar de maior sensibilidade com relação ao outro e, em função disso, iniciarem um processo de solidariedade recíproca a partir do respeito às visões limitadas e muitas vezes ilusórias de cada um. E, como salienta Warat, a mediação é um processo que recupera a sensibilidade, ainda que leve ao crescimento interior na transformação dos conflitos[15]. A partir disto, promovem-se o respeito mútuo às diferenças e o reconhecimento das limitações próprias e das perspectivas pessoais diferentes ou mesmo opostas, o que pode proporcionar a integração das visões individuais, que poderá ser terreno fértil para a responsabilidade que pavimentará de maneira robusta a possibilidade da construção de soluções.

A mediação de conflitos significa acolher pessoas, sejam elas físicas ou jurídicas, e não casos. Em outras palavras, seu foco de ação privilegia as pessoas com base em suas próprias perspectivas. Parte-se do pressuposto da existência de dificuldades e limitações momentâneas dos participantes em transformar seus conflitos e, em razão disso, da possibilidade de um terceiro lhes auxiliar na sua gestão. Com isso, a referência desse método de resolução de conflitos é muito diferente da de outros instrumentos confundidos com ele, como o assessoramento, que nada mais é do que disponibilizar informações

---

15. WARAT, Luis Alberto. *Surfando na Pororoca – O ofício do mediador*. Florianópolis: Boiteux, 2004, p. 65.

para que as pessoas saibam como optar pelo melhor caminho a ser percorrido. Também difere da conciliação, que se constitui em uma tentativa de acordo com o auxílio de um terceiro imparcial e independente, o conciliador.

A mediação tampouco se confunde com o aconselhamento, pois o conselheiro oferece sugestões para a superação do conflito. Ao conselheiro é possível propor a reconciliação ou outra opção para os participantes, que no âmbito da mediação poderá ser uma das hipóteses a ser pensada pelas pessoas envolvidas no conflito. Além disso, a relação entre cliente e conselheiro pode envolver alguma dependência durante certo tempo, ao passo que o mediador procura estimular a capacidade dos participantes de decidir o que é melhor para todos, por acreditar no potencial que possuem para mudar a qualidade da interação entre eles.

Vale lembrar que a mediação, quando envolve laços afetivos, pode possuir um cunho terapêutico, decorrente de servir, na maioria das vezes, como uma possibilidade de as pessoas passarem a observar a realidade sob outra ótica e a ter uma perspectiva mais ampla sobre a interação existente, ou mesmo se transformarem. Porém, ela não se confunde com terapia, pois não pressupõe a elaboração de um diagnóstico seguido de tratamento.

Na mediação não há uma análise sobre o conflito intrapsíquico, cuja competência é da área da saúde mental, mas, sim, sobre a interação dos integrantes da família, dos vizinhos, dos amigos, dos sócios, dos parceiros, dos empresários etc., e seus papéis. Não há tampouco o desenvolvimento de hipóteses para explicar o funcionamento da família, dos vizinhos ou mesmo dos amigos, dos sócios, dos parceiros, dos empresários etc., que ocorre naturalmente em terapia, e sim o auxílio do mediador no diálogo diferente, como dito anteriormente, que promova empoderamento e reconhecimento mútuos. Por outro lado, a construção de soluções não é o objetivo da terapia, mas é o resultado natural da mediação. Além disso, na mediação não há um processo longo, mas a reflexão acerca de questões pontuais relativas ao conflito interpessoal, não importa qual seja.

Ao identificar as características da mediação, Sampaio e Braga[16] enfatizam ser uma atividade que "se beneficia da multidisciplinaridade geradora da interação interdisciplinar em busca de soluções transdisciplinares". Nesse sentido, pode e deve ser exercida por profissionais de diferentes áreas do conhecimento ou distintos saberes, baseados em trajetórias diversas, e que, com seus respectivos olhares, enriquecerão o trabalho desenvolvido e promoverão um resultado que transcende uma área específica e terá reflexos em todas elas simultaneamente, sobretudo para os maiores beneficiários, as pessoas que dela fazem uso.

Convém ressaltar que a mediação de conflitos não visa pura e simplesmente ao acordo. Visa, antes, como já dito, construir soluções a partir de mudanças ou movimentos pessoais dos participantes em direção ao seu fortalecimento e ao reconhecimento mútuo.

A mediação conta com um terceiro independente e imparcial a intervir com o diálogo colaborativo entre os participantes para que

---

16. SAMPAIO, Lia R. C.; BRAGA NETO, Adolfo. *O que é mediação de conflitos*. Coleção Primeiros Passos. São Paulo: Brasiliense, 2007, p. 7.

alcancem a solução das controvérsias em que estão envolvidos. Nesse método, busca-se propiciar momentos de criatividade para que os próprios envolvidos possam refletir melhor sobre as opções que desejam diante da interação existente. Por isso, eventual acordo poderá ocorrer ou não, pois as pessoas são soberanas nas suas decisões.

A mediação é, na verdade, um método pós-moderno de transformação de conflitos. O que significa dizer que o método transcende elementos estruturantes da realidade decorrente da modernidade, em que o conhecimento único se entrelaçava com outro ou outros, porém preservando suas linhas mestras. Hoje tudo se confunde e não há como enquadrar esse conhecimento sob um único olhar. Em outras palavras, mediação é direito e não é direito. É e não é sociologia. É e não é psicologia. São ciências autônomas de diferentes origens que se entrelaçam, construindo e contribuindo para a mediação permanentemente.

No entanto, não é uma panaceia para a resolução de todos os conflitos. Possui limitações quanto ao seu emprego, muito embora, legalmente falando, esteja limitada a direitos disponíveis. Com base em aspectos materiais, a mediação efetivamente não encontra limitação, pois se pode fazer uso dela em todos os tipos de disputas. Há limitações, contudo, no que diz respeito às pessoas que dela fazem uso. Uma delas é a própria disposição em cooperar durante o processo. Outras limitações seriam aquelas ligadas às condições físicas pessoais de cada um dos participantes no processo, que deverão estar aptos a refletir sobre temas de interesse e livres de fatores emocionais que os impeçam de fazê-lo. Limitações decorrentes de fatores psicológicos impedem as pessoas de refletir adequadamente e, com isso, torna-se difícil para elas colaborar e se responsabilizar por tudo que for tratado na mediação.

O processo interventivo do mediador e o processo interativo da mediação de conflitos

De modo geral, a mediação pode ser realizada em uma única reunião ou em quantas os participantes desejarem. Como mencionado anteriormente, o mediador estimula o diálogo entre os participantes a fim de mudar a qualidade da interação decorrente do conflito. O processo de mediação, aqui entendido como a intervenção do mediador a partir de sua escolha e da aceitação do encargo, consiste em momentos em que o diálogo se desenvolve de maneira única na interação entre os mediandos.

Inicialmente, a preparação envolve o esclarecimento sobre o processo e sua aplicabilidade ao caso, assim como a adesão dos envolvidos. Nesse primeiro momento, já se prioriza a autodeterminação dos participantes, pois serão eles que avaliarão a oportunidade ou não de entrar em um processo no qual serão os protagonistas do começo ao fim.

Em seguida, procede-se a uma análise das questões pertinentes ao conflito, a partir de forte interação entre mediador e mediandos, por intermédio de técnicas. Caberá sempre ao mediador checar os temas que desejam tratar e a forma como serão abordados (ou não), inclusive com a verificação permanente da eficácia de sua interação e intervenção para com os mediandos. Por isso, o mediador promoverá a possibilidade de convidá-los a debater outros temas tão importantes quanto aqueles que o trouxeram para a mediação, para que se alcance toda a complexidade da controvérsia ou controvérsias.

A Lei nº 13.140/15 oferece, de maneira geral, pontual e simplista, o delineamento da mediação de conflitos a partir de seus princípios e norteadores, a serem observados no âmbito da mediação judicial e extrajudicial, seja institucional ou por mediadores independentes. Essa lei deve ser interpretada e aplicada em consonância com o Novo Código de Processo Civil – Lei nº 13.105/15 –, que estabelece claramente os instrumentos que existirão no âmbito judicial para a atividade.

As leis acima mencionadas conferem o fundamento jurídico que sustenta a mediação de conflitos no Brasil e respaldam elementos já existentes antes de suas respectivas sanções. A natureza jurídica da mediação é contratual, por ser instrumentalizada por duas ou mais vontades orientadas para um fim comum: contratar uma terceira pessoa que promova o diálogo entre elas. Como contrato, pode ser classificada como plurilateral, por estarem ajustadas no mínimo duas pessoas físicas ou jurídicas, além, naturalmente, do mediador.

Trata-se ainda de mecanismo consensual, uma vez que nasce do acordo entre as pessoas envolvidas no conflito para a contratação de um terceiro que as ajude. É informal, uma vez que pressupõe se adequar aos parâmetros dos participantes (regras flexíveis de acordo com as vontades por participantes). É também onerosa, por ser objeto de remuneração ao profissional que colaborará com os mediandos, podendo, entretanto, não ser (quando se trata da praticada hoje no contexto judicial). Não deixa de se constituir, também, em um contrato de prestação de serviços no qual, de comum acordo, as pessoas celebram com um mediador a possibilidade de este prestar um serviço de auxílio a elas para que busquem por si soluções para o conflito que estão enfrentando. Essa característica ocorre e é marcante, mesmo em se tratando de função não onerosa por parte do mediador.

A natureza contratual da mediação de conflitos exige atenção aos seus requisitos mínimos:

a. Menção expressa de que o mediador pautará sua conduta pelos princípios da imparcialidade, independência, diligência, competência, confidencialidade, credibilidade e dever de revelação.

b. Referência de que os mediandos participarão do processo baseados em suas próprias vontades, boa fé e real compromisso de se esforçarem para colaborar mutuamente (para a resolução dos conflitos que os trouxeram para a mediação).

c. Qualificação completa dos mediandos e dos seus advogados, devendo estes apresentar os documentos legais que lhes conferem poderes de representação legal, nos termos da lei, caso seja no contexto extrajudicial.

d. Qualificação completa do mediador e do comediador e outros da equipe, se for o caso de comediação com observadores.

e. Previsão de número indicativo de reuniões para o bom andamento do processo de mediação.

f. Definição sobre honorários do mediador, bem como sobre as despesas incorridas durante a mediação e respectivas formas de pagamento, os quais, na ausência de estipulação expressa em contrário, serão suportados na mesma proporção pelos mediandos (quando envolver a remuneração do profissional).

g. Disposição sobre a faculdade de qualquer dos mediandos e do mediador de se retirarem, a qualquer momento, do processo, comprometendo-se a dar um pré-aviso desse fato ao mediador e vice-versa.

h. Disposição de cláusula de confidencialidade relativa a todo o processo com relação ao conteúdo da mediação, nos termos da qual os mediandos e o mediador, comediador e todos os pertencentes à equipe de mediação se comprometem a manter em sigilo a realização da mediação e a não utilizar qualquer informação documental ou não, oral, escrita ou digital, trazida ou produzida durante ou em resultado da mediação, para efeitos de utilização posterior em processo arbitral ou judicial.

i. O lugar e o idioma da mediação

Por outro lado, ao lembrar dos aspectos jurídicos da mediação, é importante enfatizar que ela considera os advogados participantes naturais do processo, já que desempenham papel fundamental em todos os momentos da atividade. Os advogados poderão indicar para seus clientes a mediação de conflitos e, para tanto, é imprescindível que conheçam o método. Sua participação facilita muito o preparo das pessoas para a mediação, a definição do marco contratual em que se estruturam os compromissos assumidos para sua realização, as tomadas de decisões relativas aos aspectos legais, a solução de eventuais dúvidas que surjam durante o processo, bem como o encaminhamento legal dos compromissos nela assumidos. Caso os advogados não participem de maneira presencial ao longo do processo, é imprescindível que acompanhem seus clientes durante todo o seu andamento, a fim de conhecer passo a passo as evoluções alcançadas. Nesse sentido, também são bem-vindos ao processo, que os acolherá a qualquer momento.

O mediador

Como mencionado anteriormente, o mediador deve pautar sua conduta pela imparcialidade, independência, competência, discrição, diligência e dever de revelação. Exige-se dele domínio do conhecimento e experiência do processo de mediação e sua forma de intervenção, de maneira a propiciar um ambiente de diálogo entre os mediandos, o que se obtém a partir de um treinamento específico, acompanhado de um aperfeiçoamento permanente, para que possa aprender com sua prática e evoluir continuamente em termos de auto-observação, questionamentos, atitudes, dificuldades e habilidades. Ao mesmo tempo, ele deve estar aberto a vivenciar a educação continuada em mediação de conflitos, além de manter postura ética inatacável.

A seguir, estão detalhados alguns de seus deveres, que se constituem em valores irrenunciáveis e não negociáveis de sua parte.

Imparcialidade: compreendida no sentido de manter a devida equidistância dos participantes, com o objetivo de evitar que qualquer paradigma, ilusório, preconceito, mito, expectativa etc. interfira em sua intervenção ao longo do processo. Ele não poderá tomar atitudes que possam sugerir parcialidade ou favorecimento para qualquer mediando. Para isso, jamais deverá receber presentes, favores ou outros itens de valor, a não ser os honorários de sua prestação de serviço.

Independência: entendida como a inexistência de qualquer conflito de interesse ou relacionamento anterior capaz de afetar a credibilidade do mediador e a condução do processo de mediação.

Confidencialidade: significa que todos os fatos, situações, documentos, informações e propostas apresentados ou produzidos durante o processo devem ser mantidos sob sigilo, como já foi dito.

Competência: o mediador deverá comprovar capacidade para efetivamente mediar o conflito de maneira eficaz e eficiente, reunindo os requisitos mínimos e as qualificações necessárias para coordenar o processo. Caso o mediador não se sinta capaz de coordenar o processo com essa premissa, deverá dele se retirar.

Diligência: consiste no cuidado para observar a regularidade do processo, assegurando sua qualidade e procedendo da melhor maneira possível quanto à investigação dos fatos relacionados ao conflito e à sua administração.

Dever de Revelação: o mediador deverá informar qualquer fato ou circunstância que leve a eventual dúvida justificada sobre sua independência e imparcialidade de sua conduta ao longo do processo em que esteja colaborando.

Com relação à postura exigida do mediador ao longo de sua intervenção, cabe ressaltar também que muitos autores defendem que esse terceiro deve ser neutro. Aliás, em alguns países esse profissional é mais conhecido como neutro. Sobre esse aspecto, é importante lembrar que a natureza humana sempre prima pela associação ao já vivenciado e conhecido, decorrente de determinadas ideologias, mitos, paradigmas, imaginários, ilusórios e mesmo necessidades, valores pessoais ou o próprio senso de justiça, o que promove o pensar julgador sempre. No entanto, é dever do mediador se isentar de seus elementos internos pessoais, pois na mediação valem os elementos pessoais dos mediandos. Em outras palavras, a isenção é o valor soberano do mediador, que deve ser preservado em prol da imparcialidade, sem a qual o processo fica comprometido.

No momento em que são identificados os temas, as mudanças ou não de cada mediando, deverão valer as referências pessoais de cada um dos participantes, e não as do mediador. O mediador, portanto, deve deixar de lado quesitos pessoais que possam direcionar os mediandos para determinadas soluções, mantendo atenção permanente à sua isenção. O mediador deverá cuidar da equidade de participação dos mediandos. Para isso, a capacitação em mediação de conflitos é fundamental, como dito anteriormente, devendo privilegiar cuidados com relação a esses elementos, tanto no âmbito teórico quanto no prático supervisionado.

Além disso, a isenção mencionada inclui também o não oferecimento de informações técnicas especializadas pelo mediador. Nesse sentido, caberá a ele chamar o profissional adequado para o fornecimento da informação e orientação necessárias. Por outro lado, não poderá oferecer os conhecimentos de sua profissão de origem para assessorar os participantes em suas decisões, nem poderá sugerir ou aconselhar quanto a decisões a serem tomadas. Ao mesmo tempo, uma vez finda a função de mediar o conflito para a qual foi nomeado, deverá evitar exercer outra atividade ligada ao caso – por exemplo, juiz, árbitro ou consultor.

A mediação parte de uma atitude de humildade do mediador em relação aos mediandos, que são os principais atores. Os mediandos são os mais indicados para solucionar suas questões, pois possuem potencial para tanto. Mas, naquele momento, o estado de competição ou de imposição originado pela interação decorrente do conflito dificulta que tenham noção exata da amplitude de seus respectivos potenciais. A conduta humilde do mediador parte do pressuposto de que ele desconhece a realidade dos envolvidos no conflito. Sua função é ajudar as pessoas com base na retomada do respeito mútuo e inclui o resgate das responsabilidades pessoais, não somente pelo conflito, mas, sobretudo, pelos compromissos assumidos no decorrer do processo e depois dele.

Com conhecimento aprofundado sobre o conflito e seus reflexos, a comunicação humana, técnicas que estimulam o diálogo, perspectiva holística e visão ampla da controvérsia, o mediador deve promover a facilitação de diálogos. Sua competência resulta do seu domínio dos temas citados acima, permitindo seu papel de ajuda no processo de mediação. Ele deverá estar permanentemente atento à interação que se estabelece entre os mediandos. Deverá também estar atento ao grau de fortalecimento pessoal e reconhecimento mútuo dos participantes, os quais ocorrerão aos poucos.

É imprescindível promover, durante a interação entre mediador e mediandos, o reconhecimento da existência provisória de uma equipe em colaboração, que buscará auxiliar os mediandos a focar na possibilidade de acolhimento recíproco e legitimação de seus potenciais relativos a suas capacidades de refletir sobre suas próprias questões, reconhecendo-se mutuamente.

Em outras palavras, a função do mediador é auxiliar os mediandos a conduzir o processo de mediação a um resultado que atenda de maneira igualitária e equilibrada a todos. A ele cabe acolher os participantes, acompanhados ou não dos seus advogados; prestar os esclarecimentos relativos ao processo; estimular a participação de todos os envolvidos; assegurar suas livres expressões; buscar a clareza; estar conectado permanentemente à interação entre eles, assim como às mudanças que ocorrerem ao longo do processo; evitar direcionamentos para o que considerar necessário e adequado aos participantes; e, enfim, de maneira muito simplista e resumida, facilitar o diálogo.

Capacitação teórico-prática mínima em mediação de conflitos

Na mediação de conflitos, como já dito, o mediador deverá proporcionar momentos de diálogo em que a cooperação e o respeito se fazem imprescindíveis para que os próprios participantes busquem a solução. Deverá oferecer a reflexão, o questionamento, principalmente tendo como pressuposto o eixo referencial de que poderá se constituir em uma oportunidade de crescimento e evolução na relação existente.

A atuação do mediador, portanto, distingue-se muito do hábito, comum na sociedade, da imposição da vontade de um terceiro, na maioria das vezes o Estado. Ao propor a cooperação, o mediador levará à conscientização de que o conflito é inerente a toda e qualquer inter-relação. Com isso, as pessoas envolvidas em conflitos passarão a refletir melhor sobre a interação existente e permitirão que fatores emocionais sejam trabalhados.

Cabe lembrar que, na maioria das vezes, num primeiro momento, os mediandos vêm impregnados do paradigma da "terceirização" do conflito, transferindo a responsabilidade da solução para esse terceiro e, ao mesmo tempo, atribuindo a culpa de maneira recíproca.

Por essas razões, o profissional que atuará nessa atividade deve buscar a capacitação que lhe propicie refletir sobre o alcance da permanência, em si mesmo, do paradigma do "certo ou errado", do "culpado ou inocente". Ao mesmo tempo, deve oferecer a perspectiva de que sua intervenção promoverá mudanças nos participantes, que devem ser apoiadas e acompanhadas sem qualquer direcionamento. Isto só é possível a partir da crença na autodeterminação dos participantes. O objetivo do mediador é respeitar as mudanças que ocorreram com os mediandos, o sentimento de fragilidade ou de se sentir autocentrado para uma situação em que se sentem mais fortes e se veem reconhecidos pelo outro. Assim se dá a transformação.

Essas considerações podem ser estendidas para o comediador e também para eventuais observadores ou estagiários em mediação que acompanhem o processo (observadores ou estagiários são aqueles que observam a intervenção dos mediadores sem qualquer possibilidade de manifestação ao longo do processo). Na comediação, no mínimo dois mediadores capacitados construirão em conjunto com os participantes do processo a sua transformação ou não.

A capacitação em mediação deve envolver um estudo mais aprofundado do conflito, sobretudo a partir da visão pós-moderna do tema, e todas as suas diversas manifestações: como ele nasce, cresce e promove reflexos nas interações humanas. Inclui também:

- Um aprendizado que deve percorrer passo a passo todo o processo de mediação, para que os novos conceitos trazidos sejam incorporados de maneira efetiva e bem sedimentada.
- Um aprendizado que privilegia a prática gradual e permite incorporar todas as técnicas promotoras do diálogo.
- Estudos relativos a diversos temas que envolvem a interação humana, a partir de aspectos pessoais, profissionais, sociais ou comerciais.
- O domínio da interdisciplinaridade, no sentido dos conhecimentos das diversas áreas de atuação do ser humano, extraindo de todas elas tecnologia a serviço das pessoas.
- Habilidades em utilizar técnicas que promovam o pensar sobre a relação conflituosa, o desenvolvimento do processo de maneira que sua sensibilidade proporcione a perspectiva de futuro dos mediandos, bem como a manifestação de criatividade por parte dos mediandos.

Além disso, a capacitação em mediação deve privilegiar a prática supervisionada. Nesse sentido, deve se desprender da crítica e da indicação do que é certo ou errado, mas manter a preocupação com as eventuais dificuldades observadas para o aprimoramento das habilidades peculiares a cada profissional, embasada na construção da efetiva criatividade e inovação. Por isso, é relevante que a capacitação seja estruturada a partir desses elementos. Não é da noite para o dia que profissionais desenvolvem a atividade com eficácia, eficiência, segurança e propriedade.

A capacitação em mediação de conflitos deve também privilegiar o estímulo à habilidade do mediador de utilizar técnicas que promovam o desenvolvimento e o reconhecimento de mudanças. Deve promover o questionamento do mediador a partir de sua perspectiva pessoal a respeito de sua realidade e de sua visão de mundo, baseado nos mesmos elementos citados no parágrafo anterior. O seu questionamento se agrega ao questionamento dos mediandos, sem expressar valores ou leituras que possam direcionar as partes para determinadas soluções. Para evitar isso, é necessário cuidar ativa e continuamente da manutenção de um estado de imparcialidade e permanecer distanciado de sua própria história para fazer valer a das partes. Deve-se cuidar da equidade de participação dos mediandos, manter equidistância objetiva e subjetiva e não tomar partido com relação aos temas e aos participantes do processo. Nesse sentido, a capacitação em mediação de conflitos deve privilegiar cuidados extremos com relação a esses elementos, tanto no âmbito teórico quanto no prático supervisionado.

A capacitação do mediador deve envolver ainda um treinamento teórico e prático que promova a ampliação de sua capacidade de escuta, no sentido de aprofundá-la, e a conscientização em relação à sua intervenção, já que o objetivo do mediador marca sua intervenção, o que provocará a reflexão para que, depois, possa estruturar a ajuda aos mediandos.

O mediador necessita de equidistância para se manter imparcial ao longo de todo o processo, em especial nas situações emocionais envolventes ou nas situações em que eventualmente ocorra identificação com as partes. Caso isto aconteça, é recomendável que o mediador desista do processo, encaminhando-o para outro profissional, a fim de não comprometer toda a mediação iniciada.

Em resumo, a capacitação em mediação deve apresentar o processo de interação momentânea entre mediador e mediandos, proporcionando a vivência de cada um dos momentos dessa interação. Esse processo tão importante terá como resultado a construção conjunta do ser mediador que existe em cada pessoa, com a identificação das habilidades a serem aperfeiçoadas e as dificuldades a serem superadas de maneira individual.

Algumas áreas de utilização da mediação de conflitos

A mediação de conflitos tem enorme amplitude e alcance, não havendo limitação para o seu emprego. Ao contrário do que a própria Lei nº 13.140/15 estipula, a mediação não se limita à resolução de conflitos envolvendo "direitos disponíveis ou indisponíveis que admitam transação", pois poderá ser utilizada em diversos contextos, desde que seus participantes sejam, no sentido legal, potenciais titulares de direitos. Em outras palavras, a mediação pode ser utilizada quando seus participantes possuírem a capacidade civil e se encontrarem em pleno gozo de suas faculdades físicas e mentais.

Como método de resolução ou transformação de conflitos, pode ser usada, por exemplo, em questões que envolvam:

- Laços afetivos ou familiares entre as pessoas, como separação, divórcio, revisão de pensão, guarda de filhos, adoção, conflitos entre pais e filhos ou entre amigos etc.
- Relações dentro de empresas ou entre empresas, bem como entre empresas e organizações, instituições ou mesmo corporações.
- Conflitos na área civil, como locação, relações condominiais, dissolução de sociedades (empresariais ou não), inventários e partilhas, perdas e danos.
- Divergências no âmbito comercial, como contratos em geral, títulos de crédito, fretes, seguros etc.
- Relações trabalhistas, no que se refere aos aspectos legais, como nos casos de dissídios coletivos e dissídios individuais.
- Meio ambiente, incluindo conflitos com órgãos de fiscalização, pessoas jurídicas e físicas e órgãos públicos.
- Relações na comunidade, envolvendo desde problemas de vizinhança, passando por familiares e entre vizinhos, até conflitos coletivos.
- Conflitos na escola, em que é possível fazer uso do instru-

mento a partir de um plano em que se implementa a cultura da paz.

Inúmeros outros conflitos também poderiam fazer parte dessa lista. Essas referências são apresentadas apenas para proporcionar uma visão mais ilustrativa sobre o alcance da mediação.

Além disso, a mediação de conflitos é tão flexível e promotora de novos paradigmas que é possível o uso de seus princípios, norteadores, características e técnicas sem necessariamente utilizar o método propriamente dito. Fazendo uso de seus recursos, certamente o resultado será um ambiente mais acolhedor às pessoas, promovendo, com isso, a transformação de seus conflitos. Não há nada que impeça que agentes de segurança pública, educadores ou profissionais de distintas áreas em uma instituição ou organização, pública ou privada, apropriem-se das técnicas de mediação.

Artigo

A Mediação de Conflitos: relato de experiências sobre a Mediação Comunitária

Lília Maia de Morais Sales

Introdução

Mediação de conflitos representa um tema instigante em função de seu caráter interdisciplinar, de sua constante evolução e de aplicabilidade em várias searas do conhecimento e da sociedade. Os temas relacionados a acesso à justiça, democratização do Judiciário, instrumentos de pacificação social, inovações no ensino jurídico, empoderamento humano, habilidades para o profissional do século XXI são algumas das vertentes que encontram na mediação de conflitos campo para inovação.

Durante os últimos 20 anos, no Brasil, várias experiências na área de mediação foram implementadas, o que culminou com a aprovação da Lei nº 13.140, do CPC e da Resolução nº 125 do CNJ, o que impulsionou o estudo e conferiu notoriedade ao tema.

Durante esse tempo, portanto, muito trabalho foi desenvolvido por profissionais sérios e dedicados ao tema. O professor Adolfo Braga Neto é um exemplo desses profissionais. Tive a alegria de conhecê-lo no ano de 2001, quando, por ocasião do meu doutorado com a temática da mediação de conflitos, em visita ao IMAB, fui recebida com um acolhimento próprio de quem queria partilhar os conhecimentos e apoiar aqueles que estavam iniciando seus estudos na área.

O professor Adolfo tanto me recebeu muito bem como partilhou bibliografia (incluindo as obras de Juan Carlos Vezzulla) e me apresentou o Departamento Jurídico do Centro Acadêmico 11 de Agôsto da Faculdade de Direito da Universidade de São Paulo e o Escritório Modelo Dom Paulo Evaristo Arns da Faculdade de Direito da PUC/SP. Depois desse primeiro contato, conseguimos desenvolver muitas atividades acadêmicas e profissionais em torno da temática.

Em 2003, lançamos uma coletânea intitulada *Estudos de Mediação e Arbitragem;* em 2007, realizamos em Fortaleza o I Congresso de Mediação e Arbitragem (mais de 200 pessoas de vários estados brasileiros participaram do evento); em 2009, lançamos uma segunda coletânea – *Aspectos Atuais sobre a Mediação e outros Métodos Extra e Judiciais de Resolução de Conflito* – com a participação de vários autores brasileiros e estrangeiros. E com a criação da especialização em Mediação de Conflitos na Universidade de Fortaleza (atualmente na 5ª turma), sua participação foi fundamental para consolidação do curso. Seu apoio à realização dos cursos da Universidade de Fortaleza com a Universidade de Columbia simboliza o compromisso que possui com o trabalho sério e contínuo.

Nesta obra, solicitou-me que abordasse experiências na área da mediação de conflitos das quais participei diretamente na criação e execução, no intuito de expressar algumas das várias searas de realização da mediação no Brasil.

O presente texto propõe-se a apresentar algumas experiências na área de mediação comunitária que aconteceram no estado de Ceará durante os últimos quase 20 anos. O propósito é contar a história, aqui com recorte no estado do Ceará (externando algumas experiências, mas não todas), de atividades na área da mediação antes da atual Lei de Mediação.

A Mediação Comunitária – sua criação no estado do Ceará – desde 1998

A natureza democrática da mediação comunitária encontra-se na própria estrutura do procedimento da mediação, tendo em vista que procura resolver conflitos e prevenir a má administração de problemas futuros de maneira inclusiva, cooperativa e participativa, por meio do diálogo. Preza por respeito ao outro, formação de parcerias e ativa participação e responsabilidade dos mediados pela solução do conflito, observando-se o devido equilíbrio entre as partes. A natureza democrática fica ainda mais evidente quando esse processo ocorre com pessoas e em espaços periféricos da sociedade, como acontece com a mediação comunitária.

O Projeto Casa de Mediação Comunitária – CMC existe no estado do Ceará desde 1998. Inicialmente, foi realizado pela Ouvidoria Geral do estado, depois pela Secretaria da Ouvidoria Geral do Meio Ambiente (SOMA) até fevereiro de 2003, quando, em função das mudanças administrativas do então governo estadual, passou a ser coordenado pela Secretaria da Justiça e Cidadania. Em maio de 2008, por decisão do governo do estado, o projeto passou a ser coordenado pelo Ministério Público Estadual. As casas de mediação comunitária foram denominadas Núcleos de Mediação Comunitária.

A seguir, traçou-se um histórico para explicitar e compreender o projeto da Casa de Mediação Comunitária e as mudanças administrativas que o consolidaram como projeto do Núcleo de Mediação Comunitária junto ao Ministério Público do estado.

As casas de mediação comunitária: um breve histórico

A complexidade dos conflitos e os problemas sociais e econômicos vividos por boa parte da população brasileira apresentaram como reflexo uma maior preocupação do ser humano com a resolução desses problemas e um incentivo à busca pelo novo, pela mudança. Despertou-se, assim, para a necessidade da criação de mecanismos que auxiliassem a resolução adequada e pacífica desses conflitos e a mitigação da exclusão social.

Acreditando na grande utilidade da ideia esboçada na Lei nº 9.307 (Lei de Arbitragem), a Ouvidoria Geral do Estado do Ceará, em 13.9.1998, passou a discutir a criação e o modelo operacional de um programa governamental que desse forma a instrumentos para a solução de conflitos na comunidade. A participação da autora deste estudo no programa da Casa de Mediação Comunitária – CMC aconteceu desde o primeiro momento das discussões, passando pela responsabilidade com a primeira capacitação de mediadores, supervisão geral das casas, apresentação do Programa CMC como objeto de estudo de doutorado e, com o passar dos anos, colaboração em atividades.

Após discussões e tão logo fora revelado o interesse desse órgão em proporcionar à população de baixa renda meios e instrumentos alternativos de composição de conflitos, apresentou-se a ideia da mediação comunitária, como forma de bem administrar as divergências naturais dos relacionamentos humanos. O bairro escolhido para a instalação da primeira Casa de Mediação foi o Pirambu (em Fortaleza), visto que apresentava alto índice de conflitos e criminalidade.

O primeiro passo para a instalação de uma Casa de Mediação foi a reunião de sensibilização. Nessa reunião, explicou-se o projeto da Casa: sua missão e seus objetivos, o perfil do mediador, o trabalho do mediador, o processo de mediação, o funcionamento da Casa e todos os demais assuntos referentes ao tema.

Realizada essa primeira reunião, iniciou-se a segunda fase, que foi o recrutamento e seleção dos mediadores, escolhidos entre os membros da própria comunidade. Então, deu-se início ao Curso de Capacitação com duração de, no mínimo, 40 horas, o qual visou ao primeiro treinamento dos candidatos a mediadores, já que o treinamento deve ser contínuo. O Curso de Capacitação possibilitou o início dos trabalhos na Casa. Foram abordadas as normas referentes ao processo de mediação, as regras relacionadas à ética do mediador, o perfil do mediador, as técnicas de trabalho em grupo, as técnicas de comunicação, as técnicas de escuta, a relação de poder entre as pessoas.

Depois de instalada a CMC, foram ainda ministrados outros cursos de capacitação, como na área jurídica (família, consumidor, ambiental), de português (ortografia e produção de textos), a partir da demanda da comunidade e da necessidade dos mediadores. Esses cursos foram contínuos, na medida do interesse e necessidades de aprimoramento dos mediadores.

O mediador deve sempre cursar seminários de capacitação visando ampliar seus conhecimentos e as técnicas de mediação. A sociologia, a psicologia, a ciência jurídica e cursos de relações sociais são instrumentos que o mediador necessita conhecer para se aprimorar, melhorando continuamente suas atitudes e suas habilidades profissionais.

O processo de mediação realizado nas CMCs foi orientado pela informalidade. O indivíduo em conflito procurava a CMC para explicar o problema que enfrentava em virtude da ação ou omissão de outra pessoa (física ou jurídica). Ao explicar o problema, cabia ao mediador analisar se o conflito era ou não da competência da CMC.

Ao verificar a competência da CMC para resolver o conflito, era expedida uma carta-convite para que a parte demandada tomasse ciência do problema e comparecesse à CMC no dia e hora marcados. Iniciado o processo de mediação, sempre realizado por dois mediadores (comediação), as partes iniciavam suas explicações. Não havia uma ordem estabelecida de quem falaria primeiro.

Era determinada, no entanto, a necessidade do diálogo entre as partes para que houvesse equilíbrio na discussão e na comunicação, evitando manipulações. Os mediadores possuíam seus horários explicitados em uma tabela nas CMCs. Cabia à parte escolher o mediador e se adequar ao horário dele. A parte contrária possuía o direito de não aceitar o mediador escolhido. Eram realizadas até quatro sessões de mediação sobre o mesmo conflito. Caso não houvesse êxito na sua resolução, as partes eram encaminhadas a outros órgãos estatais adequados.

Havendo acordo, cabia ao mediador relatar todo o procedimento e reduzir a termo a decisão das partes. O Termo de Compromisso é assinado pelos mediadores, pelas partes e pela pessoa responsável pela coordenação. Não sendo o conflito da competência da CMC, o mediador encaminhava as partes para a autoridade competente.

Os mediadores deviam sempre seguir o Código de Ética dos mediadores, com o intuito de realizar um trabalho sério, possibilitando o respeito e a credibilidade do mediador e do processo de mediação comunitário.

O Núcleo de Mediação Comunitária do Ministério Público do Estado do Ceará

O Ministério Público do Estado do Ceará, cioso de sua função como defensor da sociedade, tem criado várias formas de garantir o Estado Democrático de Direito, por meio da defesa dos direitos fundamentais constitucionalmente garantidos. Assim, em uma atitude inovadora, a procuradora-geral de Justiça, dra. Socorro França (2005), inspirada na experiência da mediação comunitária (pois o programa da Casa de Mediação Comunitária fora criado na sua gestão como ouvidora geral) já realizada no Ceará, idealizou o primeiro Núcleo de Mediação Comunitária no Brasil vinculado ao Ministério Público. O projeto foi crescendo e, em 2009, a Procuradoria Geral de Justiça do Estado do Ceará assumiu a função de coordenar o Projeto Casa de Mediação Comunitária (anteriormente existente e vinculado à SEJUS), sendo atualmente nomeado como Núcleos de Mediação Comunitária. O Projeto Casa de Mediação Comunitária (CMC), vinculado à Secretaria de Justiça e Cidadania, passou a ser denominado Núcleo de Mediação Comunitária (NMC), vinculado ao Ministério Público do Estado do Ceará. O Núcleo apresentou, desde sua criação, como objetivos:

- Oferecer à comunidade um instrumento de cidadania que venha garantir um atendimento rápido, gratuito e eficiente, por meio de seus próprios membros;
- Contribuir para a boa administração dos conflitos e a redução dos índices de violência por meio da mediação e da conciliação;
- Incentivar a organização da sociedade civil por meio da participação ativa dos indivíduos na solução de conflitos e nas discussões sobre garantia de direitos;
- Oferecer um espaço público de discussão, diálogo e escuta para a comunidade;
- Contribuir para a qualidade de vida, orientando a comunidade sobre os seus direitos e deveres, contribuindo para a compreensão e efetivação da cidadania;
- Incentivar a prática do serviço voluntário.

No Ceará, atualmente, sob a gestão do Ministério Público Estadual, existem 10 Núcleos de Mediação: 5 em Fortaleza; 4 núcleos da região metropolitana (em Caucaia, Maracanaú e Pacatuba) e 1 no interior, na cidade de Sobral (MPCE, 2017, *online*).

Os resultados apresentados pelos Núcleos de Mediação Comunitária no estado do Ceará demonstram êxito na iniciativa. A média de atendimentos em todos os Núcleos foi de 1.375, sendo que a unidade com menos atendimentos (Sobral) apresentou 92 atendimentos e a unidade com mais atendimentos (Pirambu) apresentou 2.356. No total, 12.466 atendimentos foram realizados, somando-se todos os Núcleos.

Ao chegar ao Núcleo, esses atendimentos são categorizados, de acordo com sua natureza, em diferentes grupos, quais sejam: processos abertos, mediações realizadas, orientações psicossociais e jurídicas e encaminhamentos.

As diferentes modalidades de atendimento fortalecem a expressão cidadã e democratizam o acesso à justiça, ao passo que o Núcleo passa a agir também como vetor de compartilhamento e multiplicação de informação, munindo a população com as ferramentas necessárias para solucionar seus conflitos, seja por meio da mediação de conflitos em si ou outros mecanismos privados, seja por outros procedimentos possíveis em diferentes órgãos.

Quanto às mediações efetivamente realizadas, de acordo com o relatório estatístico elaborado para o ano de 2013, estas obtiveram, em média, êxito de 80,51%. A unidade que apresentou menor número de acordos firmados foi a de Sobral, com 54,55% de êxito dentre as 33 mediações realizadas. A unidade da Jurema foi a que apresentou maior número de acordos firmados, com 94,74% de êxito dentre as 380 mediações realizadas (MPCE, 2013).

A mediação comunitária, como espaço comunitário de incentivo ao diálogo ativo, participativo e consensual, representa um instrumento de fortalecimento de cidadania, estimulando a participação das pessoas na solução dos conflitos individuais e coletivos, incluindo e propiciando a adequada administração dos conflitos vivenciados, estimulando a pacificação social.

Conclusões

A mediação representa instrumento de solução de conflitos inclusivo, cooperativo e participativo. Seu estudo tem sido direcionado para avaliar espaços da sociedade que precisam de solução adequada para seus conflitos. Em muitas situações, o cenário é o Poder Judiciário ou espaços nos quais as controvérsias podem ser resolvidas extrajudicialmente.

O presente texto mostra a mediação sendo utilizada com dois aspectos principais. O primeiro apresenta a mediação com instrumento de solução de conflitos, oferecendo aos cidadãos um mecanismo adequado, dialogado e colaborativo para resolver conflitos comunitários (nesses inclusos família, vizinhança, consumo etc.). O segundo aspecto, e aqui mais inovador é a mediação de conflitos como uma habilidade necessária para o profissional do século XXI. A habilidade de gerir conflitos como ferramenta de empoderamento humano, instrumento transformador.

Conclui-se, portanto, que o estudo e a prática da mediação de conflitos devem ser contínuos e cada vez mais disseminados, passando a expressar claramente uma excelente forma de solução de problemas como uma habilidade a ser aprimorada por representar meio de fortalecimento o ser humano.

Referências

Artigos e livros

FREIRE, Paulo. *Pedagogia da Esperança: um reencontro com a pedagogia do oprimido*. Rio de Janeiro: Paz e Terra, 1992.

GODOY, Rosa Maria et al. *Educação em direitos humanos: Fundamentos teóricos- metodológicos*. João Pessoa: Universitária, 2007.

SALES, Lília Maia de Morais. *Mediare – um guia prático para mediadores*. 3. ed. Rio de Janeiro: GZ Editora, 2010. v. 1. 172 p.

SALES, Lília Maia de Morais. *Mediação de Conflitos – Família, Escola e Comunidade*. Florianópolis: Conceito Editora, 2007. v. 500. 320 p.

SALES, Lília Maia de Morais. *Justiça e Mediação de Conflitos*. Belo Horizonte: Del Rey Editora, 2004. 336 p .

VEZZULLA, Juan Carlos. *Teoria e Prática da Mediação*. Curitiba: Instituto de Mediação e Arbitragem do Brasil, 1998.

WARAT, Luis Alberto. *O ofício do Mediador*. Florianópolis: Habitus, 2001.

Documentos

ABATE, Frank. *The Oxford Dictionary and Thesaurus American Edition*. New York, Oxford: Oxford University Press. Inc, 1996.

BRASIL. *Constituição da República Federativa do Brasil*. Brasília, DF, 1988.

Accenture 2013 skills and employment trends survey: perspectives on training, disponível no link: <https://www.accenture.com/sk-en/~/media/Accenture/Conversion-Assets/DotCom/Documents/Global/PDF/Strategy_3/Accenture-2013-Skills-And-Employment-Trends-Survey-Perspectives-On-Training.pdf>;

Pensamento Crítico como Habilidade do Século XXI. Universidade de Rotterdam. Entrevista disponível no link: <http://exame.abril.com.br/carreira/noticias/este-pode-ser-o-verdadeiro-talento-do-seculo-21-no-trabalho>.

Sugestões de leitura adicionais

BACELLAR, Roberto Portugal. *Juizados Especiais: a nova mediação paraprocessual*. São Paulo: Revista dos Tribunais, 2003.

BRAGA NETO, Adolfo. Mediação de conflitos, conceito e técnicas. In SALLES, Carlos Alberto; LORENCINI, Marco Aurélio Garcia Lopes; ALVES DA SILVA, Paulo Eduardo (coords.). *Negociação, Mediação e Arbitragem: Curso básico para programas de graduação em Direito*. São Paulo: Método, 2013.

BRAGA NETO, Adolfo. Mediação de Conflitos. In PEREIRA JUNIOR, Antonio Jorge; JABUR, Gilberto Haddad (coords.). *Direito dos Contratos*. São Paulo: CEU Quartier Latin, 2006.

BRAGA NETO, Adolfo. Marco Legal da Mediação – Lei 13.140/15 - Comentários Iniciais à luz da prática brasileira. *Revista de Arbitragem e Mediação*. Ano 12 – 47 – outubro-dezembro/2015, p. 259 a 276, São Paulo: Revista dos Tribunais, 2015.

BRAGA NETO, Adolfo. Projeto de Lei de Mediação Paraprocessual em Trâmite no Congresso Nacional. *Revista Brasileira de Arbitragem*, nº 11, edição de jul/set. 2006.

BRAGA NETO, Adolfo; FOLGER, Patrick Joseph. Mediação Transformativa: preservando o valor único da mediação em contextos de disputa, tradução Julia Barros. *Revista de Arbitragem e Mediação*. Ano 13 – 51 – outubro-dezembro/2016, p. 439 a 460, São Paulo: Revista dos Tribunais, 2016.

CALCATERRA, Ruben A. *Mediación Estratégica*. Barcelona: Gedisa, 2002.

CASELLA, Paulo Borba; SOUZA; Luciane Moessa (org.). *Mediação de Conflitos – novo paradigma de acesso à justiça*. Belo Horizonte: Forum, 2009.

DAKOLIAS, Maria. *O Setor Judiciário na América Latina e no Caribe: Elementos para Reforma*, tradução Sandro Eduardo Sardá. Washington: Banco Internacional para Reconstrução e Desenvolvimento /Banco Mundial, Documento técnico nº 319, 1996.

FOLEY, Glaucia Falsarella. *Justiça Comunitária – Por uma Justiça de Emancipação*. Belo Horizonte: Fórum, 2010.

FOLGER, Joseph P.; BUSH, Robert A. Baruch. *The Promise of Mediation*. San Francisco: Jossey-Bass, 2005.

FOLGER, Joseph Patrick; BUSH, Robert A. Baruch; DELLA NOCE, Dorothy J. *Transformative Mediation: A Sourcebook*. Dayton: ISCT, 2010

GRINOVER, Ada Pellegrini; WATANABE, Kazuo; NETO, Caetano Lagrasta (coords.). *Mediação e Gerenciamento do Processo: revolução na prestação jurisdicional, guia prático para a instalação do setor de conciliação e mediação*. São Paulo: Atlas, 2007.

HAYNES, John M.; MARODIN, Marilene. *Fundamentos da mediação familiar*, 2ª edição. Porto Alegre: Artes Médicas, 1998.

MENDONÇA, Rafael. *(Trans) Modernidade e Mediação de Conflitos – Pensando paradigmas, devires e seus laços como um método de resolução de conflitos*, 2ª edição. Joinville: Letradágua, 2008.

LANG, Michael D.; TAYLOR, Alison. T*he Making of a Mediator: Developing Artistry in Practice*. San Francisco: Jossey-Bass, 2000.

LEMES, Selma Maria Ferreira. *Árbitro – Princípios de Independência e Imparcialidade*. São Paulo: LTR, 2001.

MINISTÉRIO DA JUSTIÇA. *Acesso à Justiça por Sistemas Alternativos de Administração de Conflitos. Mapeamento nacional de programas públicos e não governamentais*. Brasília, 2005.

MOORE, Christopher W. *O Processo de Mediação*, 2ª edição. São Paulo: Artes Médicas, 1999.

MUNIZ, Petrônio R. G. A Mediação e a Arbitragem no Brasil – Uma Abordagem Prospectiva. In OLIVEIRA, Angela (coord.). *Métodos de resolução de Controvérsias nº 1*. São Paulo: LTR, 1999.

REDORTA, Josep. *Cómo Analizar los Conflictos – La Tipología de Conflictos como Herramienta de Mediación*. Barcelona: Paidós Ibérica, 2005.

SALES, Lília Maia de Morais; BRAGA NETO, Adolfo. *Aspectos atuais sobre a mediação e outros métodos extra e judiciais de resolução de conflitos*. Rio de Janeiro: GZ, 2012.

SALES, Lília Maia de Morais. *Justiça e Mediação de Conflitos*. Belo Horizonte: Del Rey, 2005.

SALES, Lília Maia de Morais. *Mediação de Conflitos – Família, Escola e Comunidade*. São José: Conceito, 2007.

SAMPAIO, Lia Regina Castaldi; BRAGA NETO, Adolfo. *O que é mediação de conflitos*. Coleção Primeiros Passos. São Paulo: Brasiliense, 2007.

SIX, Jean-François. *Dinâmica da mediação*. Belo Horizonte: Livraria Del Rey Editora, 2001.

SUARES, Marinés. *Mediación. Conducción de disputas, Comunicación y Técnicas*, 2ª edição. Buenos Aires, Argentina: Paidós, 2001.

SUARES, Marinés. *Mediando en Sistemas Familiares*. Buenos Aires: Paidós, 2002.

TARTUCE, Fernanda. *Mediação nos Conflitos Civis*. São Paulo: Método, 2008.

VARGAS, Lúcia Dias. *Julgados de Paz e Mediação: uma nova face da justiça*. Coimbra, Almedina, 2006.

VASCONCELOS, Carlos Eduardo. *Mediação de Conflitos e Práticas Restaurativas*, 3ª edição. São Paulo: Método, 2014.

VEZZULLA, Juan Carlos. *Mediação – Teoria e Prática, Guia para Utilizadores e Profissionais*. Lisboa: Agora Publicações, 2004.

VEZZULLA, Juan Carlos. *A Mediação de Conflitos com adolescentes autores de atos infracionais*. Florianópolis: Habitus, 2002.

WARAT, Luis Alberto. *Surfando Na Pororoca – O ofício do mediador*, Volume III. Florianópolis: Fundação Boiteux, 2004.

WATANABE, Kazuo. *Modalidade de Mediação*. Série cadernos do CEJ n°22, Brasília, Conselho de Justiça Federal, 2001, p. 43-50.

WATANABE, Kazuo (coord.). *Juizado Especial de Pequenas Causas: Lei 7.244*. São Paulo: Revista dos Tribunais, 1985.

WILDE, Zulema D.; GAIBROIS, Luis M. *O que é a mediação*. Lisboa, Agora Publicações, 2003.

ZAPPAROLLI, Célia Regina; KRAHENBUHL, Mônica Coelho. *Prevenção, Gestão de Crises nos Sistemas e suas Técnicas*. São Paulo: LTR, 2012.